一人一厨一狗

华为系列故事

主　编　田　涛

编委会　殷志峰　曹　轶

生活·讀書·新知三联书店

Copyright © 2020 by SDX Joint Publishing Company.
All Right Reserved.

本作品版权由生活·读书·新知三联书店所有。
未经许可，不得翻印。

图书在版编目（CIP）数据

一人一厨一狗 / 田涛等主编. -- 北京：生活·
读书·新知三联书店，2020.1（2025.2 重印）
（华为系列故事）

ISBN 978-7-108-06733-3

Ⅰ.①一… Ⅱ.①田… Ⅲ.①通信企业　企业管理 –
经验 – 深圳　Ⅳ.① F632.765.3

中国版本图书馆 CIP 数据核字（2019）第 264928 号

策　　划	知行文化
责任编辑	朱利国　马　翀
装帧设计	陶建胜
责任印制	卢　岳
出版发行	生活·讀書·新知 三联书店 （北京市东城区美术馆东街22号）
网　　址	www.sdxjpc.com
邮　　编	100010
经　　销	新华书店
印　　刷	天津裕同印刷有限公司
版　　次	2020年1月北京第1版 2025年2月北京第13次印刷
开　　本	635毫米×965毫米 1/16　印张 14.25
字　　数	166千字 / 54 幅图
印　　数	226,001—232,000册
定　　价	46.00元

（印装查询：010-64002715；邮购查询：010-84010542）

蓬生麻中,不扶而直——「荀子·劝学」

人生攒满了回忆就是幸福——任正非

目　录

001 / **天才成批来（代序）**

001 / **一人一厨一狗**
　　　作者：叶辉辉
　　　我与世界"失联"了　001
　　　金枪鱼的十八种吃法　003
　　　客户成为我们亲密的伙伴　005
　　　科摩罗的网络是世界上"最好"的　010
　　　红树林一样的华为人　012

015 / **三块大屏**
　　　作者：霍瑶
　　　账务大屏：0 到 1 的创新　016
　　　关联交易大屏：我们的"前夜"　020
　　　资金大屏：流动的指挥中心　023

029 / **热世界里的冷技术**
　　作者：洪宇平
　　每延误一天，就损失 20 万元开发费用　029
　　到凤凰聚集地筑巢引凤　031
　　一片叶子窥"天机"　033
　　打通 5G 基站散热的"任督二脉"　035
　　两年的攻关就要前功尽弃了吗？　037

040 / **结构材料"小虎队"**
　　作者：HU BANGHONG
　　年轻鲜嫩的"小虎队"　040
　　打造华为的专利材料　041
　　以员工名字命名的新型合金　043
　　用刀划不坏的手机　044
　　持续前进的"小虎队"　046

047 / **一根光纤绕指柔**
　　作者：杨海滨
　　第一章　埋头千丝万缕间　047
　　第二章　肉眼雕刻"蜈蚣脚"　052
　　第三章　勿以"错"小而为之　055
　　结语　058

059 / **成功就是试一试，再试一试**
　　一叶小舟的 AI 探险之旅　059
　　作者：陈帅
　　编程，人生的第二个可能　063
　　作者：徐潮飞
　　当数学邂逅代码　067
　　作者：朱金伟

071 / 博士军团专啃"硬骨头"
作者：江晓奕

上海小分队：一心只为更好的答案　071
北京小分队：真理在"争吵"中越辩越明　074
成都小分队：初生牛犊不怕虎　076
同路人，一起改变世界　078

080 / 一根神奇的木杆
作者：邓松

为偏远农村，华为能做什么？　080
为什么是 RuralStar？　082
扫除一个又一个"拦路虎"　086
两天，木杆基站开通了！　088
RuralStar 点亮全球，创新从未止步　090

092 / 改变，做最好的软件
作者：刘文杰

革自己的命，义无反顾踏上架构重构之路　092
写最优秀的代码，不"爽"不休　094
进度与质量重压下的选择　096
从量变到质变，奇迹发生了　098
拨开云雾见月明，软件"场"已经形成　100

101 / 仓库里的魔法世界
作者：任天柱

26 个问题和 1 份"菜单"　101
从管一个国家的仓库到管全球的仓库　105
我和大数据斗智斗勇　107
菲律宾的"40 天"梦　108

112 / 战斗在 0 与 1 的世界
作者：白嗣健

代码结缘，痴迷做游戏　112

框架重构？你敢，我们就敢！　113

布下"代码检视"阵，战场较量出高手　115

三大"武器"，写出高质量代码　117

变革不是斯诺克，岂能单打独斗？　118

写在最后的一点分享　119

121 / "蚊子龙卷风"
作者：徐海明

华为马拉维"二宝"　121

改变人生轨迹的"军令状"　123

126 / 和光速赛跑
作者：Jeffrey Gao

毛头小伙挑战世界难题　126

任何时候都构建核心竞争力　129

一定要攻克 100G　132

不断前行的脚步　135

136 / 追击雷电的人
作者：熊膺

研发人里最会开叉车的　136

生产线上的"拼命三郎"　138

一场"一对多"的PK　140

防雷大忌也敢碰？　141

捉住真实的雷电　143

146 / **华为为我设立了一个研究所**

作者：Renato Lombardi

"来华为，生活翻开新的一页" 146

"抄近路"，打响头炮 148

一年完成外界认为两年都做不到的事 151

"用激进的承诺给团队压力和动力" 152

"文化就是适应" 153

"我喜欢看到事物积极的一面" 154

"我也是一头狼" 155

158 / **从偶然到必然——Mate 背后的故事**

作者：李小龙

华为要做旗舰机 158

一款只为养家糊口的产品 160

一切为了 Mate 粉丝 161

爆款，意料之外，也意料之中 164

想让更多人爱上 Mate 166

169 / **北极圈边的坚守**

作者：舒建珍

缘起：踏上冰岛 169

与客户携手共进 170

欧洲的"艰苦国家" 172

执着的坚守 173

相隔万里，收获爱情 174

再次缘聚冰岛 174

176 / **心跳墨脱**

作者：王文征

神秘的高原孤岛 176

第一天：启程　178

第二天：翻越多雄拉山　179

第三天：被蚂蟥赶着走　182

第四天：穿越原始森林　184

第五天：终于到了　185

墨脱开局　187

走出自己的路　189

191 / **我在震中**

作者：松本安文

和客户一起，拼命把事干成　191

撤，还是不撤？　193

"你去一定能把通信恢复"　195

"荒漠"中的希望　196

200 / **五星支付工匠**

作者：马姐

两个错误换来 14 年零差错　200

掌管 40 多枚"大印"，每天盖章近 3000 次　202

跨越职责边界，为公司规避近 300 万美元损失　204

每个人都是一个向量，合力是最大的　206

于平凡中见坚韧　208

210 / **饭勺也是生产力**

作者：史建

饭量最差的员工都吃了两大碗　210

被"疟"出来的"专家"　211

两个小时包出 500 个饺子　212

把饭做好了，大家才能不害怕　214

转正了，"小史"成了"老史"　215

天才成批来（代序）

——任正非在 EMT "20 分钟"的讲话摘要[1]

公司每个体系都要调整到冲锋状态，不要有条条框框，发挥所有人的聪明才智，英勇作战，努力向前冲。华为公司未来要拖着这个世界往前走，自己创造标准，只要能做成世界最先进，那我们就是标准，别人都会向我们靠拢。

今年我们将从全世界招进 20 至 30 名天才少年，明年我们还想从世界范围招进 200 至 300 名。这些天才少年就像"泥鳅"一样，钻活我们的组织，激活我们的队伍。

什么叫天才？在一个点上有突破，才叫天才；什么都懂的，不

---

[1] 华为为加强公司管理层与员工的沟通与交流，鼓励员工客观展示自己的工作成绩，促进优秀人才脱颖而出，经 2018 年 3 月 29 日 EMT（Executive Management Team，经营管理团队）办公会议讨论，决定在每月例行召开的 EMT 办公会议上设立"20 分钟"议题，以鼓励员工分享工作成就与心得。每期 2 名员工，每人分享 10 分钟。公司所有员工均可申请成为"20 分钟"分享人，客观讲述自己真实亲历的工作成绩，不空谈尚未发生的事，不转述听别人说的事。员工通过指定邮箱申请成为"20 分钟"分享人，无须层层审批。2019 年 7 月 29 日，叶辉辉和任阳在华为 EMT "20 分钟"议题上分享工作成就与心得。叶辉辉，本科毕业于南昌工程学院，2013 年 10 月加入华为，被派驻非洲科摩罗开拓市场，从客户经理成长为办事处主管。任阳，浙江大学博士毕业，2014 年 9 月加入华为，从研发工程师成长为高级技术专家。

一定某方面突出。我们公司人力资源制度的条条框框太多。人有了基础，有了机会，找到突破点，这个突破点往往跟你自己之前准备的点是不相吻合的，这才是天才。我给你上完课，你把作业完成好了，这算什么天才？

天才要成批来，天才不会只出一个。浙江大学竺可桢校长定的校训"求是、创新"，让浙大的天才成批地喷涌而出。华为公司也一样，也应该天才成批来，一两个不够，天才还要带"地才"进来。比如，每年全世界计算机大赛只有40个金牌，我们要了，但全世界进入最后竞赛阶段的有400人，他们都是人才。我认为，除了状元、榜眼、探花……只要参加了殿试，即使没有名次，都可以招进来。

你们的"高斯松鼠会"很好，华为公司可以成立以业务为中心的各种小型俱乐部，个人之间进行兴趣爱好交流。过去我是不允许，认为这是非组织活动，现在人力资源部可以研究一下。哈佛可能有几千个，俱乐部实际上就是学术研讨会，"一杯咖啡吸收宇宙能量"，天才就这样成批来的。苏格拉底就是到处"喝咖啡"、到处去讲话，就成了"罗马广场"，创造了一种哲学体系。我们要让"一杯咖啡吸收宇宙能量"发挥作用，在内部喝了咖啡，还可以去外部喝。

另外，大家平时阅读的那些论文，可以贴到"心声社区"、华为大学的公告栏上，让大家一起学习。有些还可以贴到社会网站上去，因为中国小公司可能看不到外国的论文，创新就具有盲目性。

号召你们这些天才把优秀的好同学、好朋友都带到华为来，可能会大有作为。不怕你们"拉帮结伙"，因为你们拉的是一起英勇奋斗，扛着"炸药包"冲锋，"机枪、大炮"都打不下来，还是要往上冲的人。如果你能带几个天才加入华为，加入一个，我就请你喝一杯咖啡。

未来3至5年，相信我们公司会焕然一新，全部"换枪换炮"，一定要打赢这场"战争"。靠什么？靠你们。

只要天才成批来，没有攻不下的"城墙口"。华为公司把所有钱投入未来，敢于扩张，让天才成批地来，所以华为有一根"线"，把世界各国的"珍珠"串成"项链"，就能实现世界领先。

一人一厨一狗

作者：叶辉辉

"我是来自科摩罗的叶辉辉……"

"科摩罗在哪儿？我还没有去过。"

2019年7月，我参加"20分钟"分享会，刚开口做自我介绍，就被任总打断了。

科摩罗在哪儿？6年前，我也跟任总一样，发出了这样的疑问。我也没有想到6年后，这个我曾经一无所知、自认永不会有交集的印度洋岛国，竟然会成为我生命中最无法割舍的一部分。

但其实说起来，我刚到科摩罗时，一切并不如我想象的那样，或者说，刚来我就后悔了……

我与世界"失联"了

2013年年底，我第一次来到科摩罗。那时我24岁，刚进入华为不到一个月。

我是和一位交付的同事一起去的，从机场出来，坐上接机的本地司机开的皮卡，前往宿舍。透过车窗，我看到道路两边都是破败的建筑和街道，比我之前待过的非洲国家还要破败一些，隐隐感觉不妙。

来华为之前，我在西非的科特迪瓦工作过两年，一位华为朋友极力劝说我过来，说我来华为肯定会大有作为。后来他才告诉我，推荐人才有 6000 块钱奖金，我说他怎么那么"卖力"劝说！来到华为后，我第一站在马达加斯加办事处，待了不到 20 天，领导对我说，华为之前在科摩罗耕耘多年的海底光缆项目，最近重新启动了，希望我这个客户经理去支撑。

"科摩罗在哪儿？"这是我第一次听说这个国家，经过领导介绍，我才知道它位于非洲大陆与马达加斯加岛之间，是一个人口只有 80 万的岛国，当地经济落后，基础设施很差，这个海底光缆项目意义非常重大，有望改变科摩罗"与世隔绝"的状态。

我毫不犹豫地答应了，因为我觉得自己刚来不久，产品知识和经验也没有其他人丰富，而领导这么信任我，正是证明自己的好时候。另外一方面，虽然对科摩罗不了解，但我有非洲工作生活的经验，还自学过法语，经受过疟疾折磨，看着马达加斯加办事处非常好的办公条件，我带着对未知国度的向往，上了飞机。

来之前，就有同事给我打预防针，说这边条件很艰苦，每天只有一两个小时有电，而且通信信号很差，还是 ADSL（Asymmetric Digital Subscriber Line，非对称数字用户线路）网络拨号上网，来这边基本就是"失联"。我本来没有怎么放在心上，等到了宿舍，却发现自己仿佛从文明社会直接跌入"原始社会"了。当地宿舍和马达加斯加比有着天壤之别，房屋年久失修，设施破旧，没有水也没有电。我拿出手机打个国际长途电话想给国内父母报平安，但是电话接通刚叫了一声"妈"，就断了。由于怕父母担心，我接着又拨打了好几十个电话,都打不通,只好算了。后来我才知道,我妈那天也给我打了几百个电话,担心了很久,直到辗转联系到了我的同事,确信了我的安全才放心。

当时已经是晚上七八点了,天已经黑了,由于没有电,我只能借着手机屏幕的光,摸索到床,准备坐下歇息,刚一坐下,只听"轰隆"一声,整个床塌了。床散架的巨大声音,惊动了我的同事还有本地司机,大家七手八脚帮我拼了个床,然后我们就出去和当地的中国医疗队吃饭去了。

这顿晚饭下来,我对科摩罗了解得更多了,但心里却更不是滋味。我感觉之前还是过于乐观了,现在我面对的是一个物资极度匮乏、基础设施极度落后、疟疾和登革热肆虐的"世界上最不发达"的国家。缺电、缺水也就算了,由于是火山岩地质,这个地方蔬菜和水果也极度缺乏,是一个连吃的都需要发愁的国家!

我怎么来到了这样一个国家?巨大的落差,让我在科摩罗的第一夜辗转反侧,懊丧不已,但是当时满口答应领导的场景还历历在目,唉,来都来了,先干起来吧。

金枪鱼的十八种吃法

我的科摩罗生涯正式拉开序幕,首先摆在我面前的难关就是缺电、缺水。

白天还好,可以去客户的机房蹭电蹭网。一到晚上,我就得回宿舍。每天晚上有一个小时供电,这一个小时对于我来说非常宝贵,我要烧水做饭,然后洗澡。说到洗澡,就是从水窖打一桶水拎到卫生间,用水瓢舀着浇在身上。我暗自苦笑,我算是农村出身,小时候都不这么洗澡,现在反而这么简陋!这个时间段我还要把手机、手电筒都充好电,然后要么躺在床上思考,要么伏案写点东西,自己与自己对话。当深夜一个人感受着印度洋的海风,看着窗外深邃而闪烁的星空,听着手机里播放的古典音乐,我觉得内心格外平静。记得有天晚上停电的时候,一位本地员工拿出了吉他弹了起来,我会点口琴,也加入了合奏,其他几个本地的兄弟把手机的照明灯打开,跟着旋律左右摇摆,大家一起合唱,这个场景一直珍藏在我心里。

另一个难关就是食物短缺。这里还有个小趣事。出发来科摩罗的那一天,我和交付的同事在马达加斯加机场会合,我给他带了一份当地食堂厨师做的盒饭当午餐,但是他没有吃,而把盒饭带到了科摩罗。我当时以为他不饿,后来我才知道,他来过科摩罗,知道当地没有东西吃,特意留着的。由于这份美味太珍贵,第二天,我和同事两个人就着这一盒盒饭,吃了两顿。

科摩罗当地食材匮乏,我都能数得出来种类:当地特产金枪鱼,进口过来的冻牛肉和鸡肉,还有木薯、香蕉和椰子。因为极度缺乏蔬菜和水果,每次同事出差过来,都想方设法带一些新鲜蔬菜和水果,帮我们改善伙食。记得我刚来不久,有一天一个中方产品经理过来出差,带了两棵圆白菜,我有段时间没有吃过这种绿叶蔬菜了,开心坏了。我们当天晚上就吃了一棵,留了一棵舍不得吃,放在了冰箱里,但是由于没有电,天气炎热,这棵白菜在冰箱里放了几天就坏掉了!我和我的同事捶胸顿足,心痛不已。

到了2014年下半年,科摩罗业务有了起色,公司正式在科摩罗设立了办事处,还配了一名中国厨师。因为在当地,待的时间最长的中方员工只有我一人,大家都打趣我,说我是一个拥有"御厨"的人。

厨师老王今年已经 50 多岁了，是我们的贴心大哥，把我们都当成自家人一样。他会做一手好川菜，因此华为的食堂也被誉为"科摩罗最好的中餐馆"。就拿金枪鱼来说，老王已经研究出 18 道不同的菜式了，清蒸、红烧、醋熘、烧烤……甚至还能做出鸡肉的味道，我们管这道菜叫"金枪鸡"。

最令我感动的是，这么多年来，老王一直坚持"留菜"的传统。他和我们说，在外面吃饱了才不会想家，所以每到开饭的时间，老王都会细心观察有谁没有能在饭点赶回来，然后他留好饭菜，菜量会多出一倍。有一次，一个刚过来的交付兄弟晚上十点多才从客户那边加班回来，面对着刚热好的饭菜，他捧着饭碗，吃着吃着突然哽咽了，老王问他是怎么了，他呜咽着说，太好吃了，好吃到哭了！

客户成为我们亲密的伙伴

2013 年，科摩罗市场还长期被西方厂商垄断，对于华为这样一家中国 ICT（Information and Communications Technology，信息和通信技术）企业，客户并不买账，觉得还是西方的产品最好、最先进。加之我又刚来，对当地业务和公司产品缺乏足够的了解，法语水平也无法满足华为业务场景的需求，业务开展起来非常难。刚开始客户的 CEO（Chief Executive Officer，执行总裁）都不愿意见我，有一次我还在客户门口从下午一直等到凌晨一两点，后来终于见到了他，我操着当时还不灵光的法语，夹杂着英语，希望能获得一个坐下来谈谈的机会。客户看了我一眼，摇了摇头，就走了。我又累又饿，看着他远去的背影，泪水在眼眶里打转，觉得自己太失败了。

外部环境比较艰苦，工作也不顺，这让我压力很大，十分迷茫

科摩罗的大海

和困惑，可是接下来的遭遇却让我转变了想法。

　　作为一个岛国，科摩罗几个小岛之间的交通工具是螺旋桨小飞机和冲锋舟。有一天，我陪客户乘飞机去另外一个岛考察站点，空中遭遇雷暴，飞机螺旋桨一度都停转了，急速下坠，我当时想可能飞机要失事了吧，幸好最后还是安全降落了，但是那种剧烈的失重感让我有了浓重的心理阴影。所以当我再次来这个岛的时候，我和同事选择了冲锋舟。

　　这一次去程很顺利，客户终于在合同上签了字，我们心情格外轻松。返程的时候，我们又坐上了冲锋舟，但是刚出发不久，晴空万里的海面一瞬间乌云密布，暴风雨很快就来了。

　　冲锋舟上，总共有4个人，我，我同事，还有一名本地妇女和舵手，我们几个人火速把破破烂烂的救生衣套在身上，虽然也起不到救命的作用，但求个心理安慰。这是我第一次经历海上暴风雨，真的非常吓人，风雨越来越大，也分不清是海水还是雨水，打在脸上，我连眼睛都睁不开。我们的冲锋舟本来就小，哪里经受得住这么大的风浪，冲锋舟被风浪卷着荡来荡去，我感觉冲锋舟就要被掀翻了。

　　我们害怕极了，那位本地妇女一直在祷告，祈求神灵的庇护。我当时特别绝望和无助，我想这茫茫大海一旦掉进去，哪还有什么生还的机会。上一次飞机没出事是走运，这一次可能躲不过去了！我真的想哭，内心也充满了悔恨：我为什么要来科摩罗？这个地方这么苦不说，现在连小命都保不住了！

　　但害怕归害怕，我还有一丝清醒，那份重要的合同还在我手上，我赶紧把合同文件夹塞到衣服最里面，此时也只能这样，尽力保护它不被打湿了。如今这一份合同应该在深圳坂田总部，上面泛黄的水渍就是这么来的。

幸亏暴风雨来得快，去得也快，我们的绝望和害怕没有持续多久，乌云散去，海面恢复了平静。我站在甲板上，被眼前的景象惊呆了：两条壮美的彩虹横跨在大海上。这是我人生第一次看到如此壮丽的景象，我刻骨铭心地领悟到生命是如此宝贵，能掌握自己命运是多么幸运！我一定要好好把握自己的命运和未来，遇到困难就迎头面对它！

于是，我开始改变自己。我更加努力地学习法语，每天背大量的单词，大学法语专业那几本书全部都啃完了，还缠着一个本地的兄弟练习口语。白天在客户机房蹭电蹭网的时候，我也借机找客户"偶遇"。可能自己真的有些语言天赋，不久我就可以和客户"对上话"了！另一方面，我努力学习业务管理和产品知识，给客户做宣讲，上至总统、部长，下至工程师都听过我的宣讲。

和客户接触的时候，我并没有急于推销华为的产品和服务，而是首先与客户做朋友，真诚展示通信所能带来的改变。还记得介绍视频会议系统的时候，我告诉客户，有了这个设备以及网络，就可以在同一个办公室和天南地北的人"面对面"开会，再也不用几个小岛之间来回奔波了，这让曾经坐冲锋舟掉进过海里的客户眼前一亮。另外，我们在当地长期扎根，有一支本地的维保团队，客户可以随时获得华为的服务，这一点是其他厂商所没有的。他们看到了华为的诚意与实力，开始与我们合作，对方的CEO后来还成为我们最亲密的伙伴。

就这样，随着客户对我、对华为越来越认可，我也根本无法离开科摩罗了，刚开始时的出差就变成了常驻，于是我就成了科摩罗"唯一的华为中方员工"。这些年来，我在科摩罗经历了三次总统大选，对接过六任客户CEO，真的是"流水的客户，铁打的我"。

科摩罗的网络是世界上"最好"的

2014年,我们告别了之前的破旧宿舍,新租了一栋宽敞明亮的新楼房。出于安全的考虑,我们抱了一条小狗回来,希望它可以看家护院,于是关于科摩罗,关于我的"一人一厨一狗"的趣事就传了出去。

后来这条小狗由于过于凶猛,我们送给了当地人,又重新养了两只小土狗,一公一母。当时为了这两个小家伙的名字,大伙儿还进行了一番"头脑风暴",旺财、来福、旺旺……名字五花八门。后来我拍板,就叫"收入"和"回款",这两个名字时刻提醒着我们

"收入"和"回款"在商量如何完成今年的KPI(Key Performance Indicator,关键绩效指标)

的"奋斗"方向,一个也不能少。

说来也有趣,在"收入"和"回款"的"守护"下,科摩罗近年来业绩一直不断上升。2016年,我们团队克服重重困难,在科摩罗这个满是火山岩的小岛上,完成国家骨干传输网的建设,这也是东南非第一个海底光缆项目。这个项目彻底改变了科摩罗与世界"隔绝"的状态,从此与世界紧密相连。也正是这个项目的良好经营,我们在科摩罗的成绩取得了当年华为公司全球小国业绩第一。

如果说骨干网是高速公路,现在我们要打造覆盖全岛的交通线路,让岛上每一个人都能够随时随地上网。我们随后启动FMC(Fixed Mobile Convergence,固定网络与移动网络融合)网络现代化项目,该项目从规划、研讨,到批贷、签订融资协议,历时两年,艰难坎坷,终于在2019年年初开始交付。项目建成后,科摩罗将实现全岛的2G、3G、4G覆盖和光纤到户,以后,在科摩罗任何一个角落上网,都和在国内一样的便捷了。

但是,我们与客户之间的关系不仅仅是交付了项目,而是想客户之所想,帮助客户更好赢利,比如现在我们通过自身的优势,为客户提供BNC(Business and Network Consulting,商业网络咨询)咨询服务,帮客户增加收入。

对于我自己来说,我更能够实实在在感受到通信,或者说是华为给科摩罗带来的变化。科摩罗成功加入地球村,来到这里再也不会"失联",我可以直接与国内家人视频通话、发微信,随时联络。科摩罗的网民也越来越多,大家会上Facebook交友,上YouTube看视频,有的还自己拍视频上传。记得2013年我刚来的时候,大部分人都没有手机,就算有也只是功能机,而现在智能手机在科摩罗国内销售量直线上升。我有一位刚用上智能机的科摩罗朋友,前几天还拿着手机喜滋滋地和我"炫耀":"科摩罗的网络是世界上最好的!"

最重要的是,由于通信的进步,越来越多的企业和国家愿意来科摩罗投资,这极大促进了当地的基础设施建设,比如缺电、缺水状况有了很大的改善,带动了经济的发展。前段时间我们在当地部署了 4.5G 网络,科摩罗政府要员不止一次地在公众场合骄傲地宣告:"科摩罗是印度洋第一个上 4.5G 的国家!"看到客户如此自豪,我们也从心底骄傲。

如今,华为已经成为科摩罗最受欢迎和尊敬的中国公司,我们的客户在华为经历困难的时候第一时间出来力挺、支持华为,表示华为永远是他们最信任的合作伙伴。

红树林一样的华为人

我在科摩罗待了 6 年多,很多人都惊讶我能待这么久,熟识的一个领导也开玩笑和我说,当年觉得我就是一个愣头儿青,科摩罗那么艰苦,肯定待不久,是我的坚持让他刮目相看。

在我看来,我一点也不后悔当初的选择,科摩罗的经历对我的人生观、价值观产生很大影响,是我人生中不可或缺的宝贵经历。这些年我变得更加成熟自信,更加乐观坚韧。

同样巨大改变的,还有华为科摩罗办事处。

公司建立了统一的行政后勤平台,"一人一厨一狗"成为历史,大家可以安心地吃好、喝好、住好,再无后顾之忧;出去见客户也有完善的配套流程,再不会出现当年开着皮卡见客户、遭遇大风大浪的惊魂奇遇了;我们的团队也逐渐扩大,越来越多的华为人愿意在这个贫瘠的火山岛上奋斗。2019 年年初,科摩罗办事处成功纳新,

在科摩罗看到的浩瀚星空

三位北大、复旦毕业的 90 后高才生和我一起常驻岛国，我们构成了以客户为中心的项目制"铁三角"，一同支撑着一线业务的需求。现在，办事处除了我们几个，还有在公司工作十多年的老专家、过来出差支撑业务的中方同事，平日这里有十多个中方员工了！虽然远离家乡，但在这里我们团结友爱，其乐融融，宛如一家人。

"你会不会游泳？"

"你现在会开船了吗？"

在我分享完这些年科摩罗经历后，任总又追问了我几个问题。他还表示一定要去科摩罗看看，开玩笑说，他过去之后就是"两人一厨一狗"了。

我真诚欢迎大家来科摩罗,这是一个风景优美的国家,碧海蓝天,还拥有最美的星空。虽然这个岛无法种植日常的蔬菜和水果,但是在这个火山岛上有一种叫作红树的神奇植物,它长在岩石缝里,生命力极其顽强。我觉得每一个华为人就像一棵棵红树一样,即使没有肥沃的土壤,没有充足的淡水,没有优越的条件,但我们依然破石而出,奋力生长,并将继续枝繁叶茂,蔚然成林!

(文字编辑:霍瑶)

三块大屏

作者：霍瑶

　　华为深圳坂田基地，财经大楼三楼的一间会议室有些与众不同：一面墙被一块近2米高、7米宽的屏幕覆盖，屏幕前有一个大大的会议桌，三四排座位向着大屏幕整齐排列，这不禁让人想起电视上偶尔会看到的作战指挥中心。

　　巨型屏幕上显示着一张张图表，以饼状图、柱状图、曲线图等形式展示着华为公司全球200多家子公司的账务情况，数字以各种不同的颜色醒目地标注着，要么是当前的进展，要么是偏差的预警，要么是目标的比较。

　　这就是华为财经的账务大屏。

　　每个月的28号，账务部门的结账团队就会抱着自己的电脑，聚集在这个作战大屏前指挥全球的结账工作。全球共享中心依托这块作业大屏，实现了7×24小时"日不落"的结账作业，深圳团队下班，阿根廷团队接过接力棒，继续结账，仅仅5天时间，9000多份财务报表、10000多份管理报表就会从这里生成。

　　财经的账务大屏不仅仅是账务结账环节应用时一屏独亮，其他几块作业大屏也不闲着。资金管理的负责人每天一上班，便打

账务大屏

开资金大屏,重点看哪里钱出问题了,立刻"圈"出来,在大屏上直接联系对应的负责人。远在千里之外的伦敦关联交易大屏上的一张"航线图",可以实时展现华为全球子公司之间2500多种关联交易情况以及风险信息……

呈现在眼前的大屏,似乎只是一个超大的显示屏,可华为财经的三块大屏可不仅仅只是看的大屏幕,实际上是"作战指挥屏"。

账务大屏:0到1的创新

不仅仅是"大屏"

财经大屏的闪亮登场,要追溯到2016年底。当时,华为公司总裁任正非前往西安研究中心参观刚刚落成的GTS(Global Technical Service,全球技术服务)大屏,作为财经IT(Information

Technology，信息技术）变革负责人的张印臣，受公司 CFO（Chief Financial Officer，首席财务官）孟晚舟委派，随行过去参观学习。

即便到现在，张印臣对他人生第一次见到的这块大屏还记忆犹新。GTS 大屏宽 86 米、高 7.2 米，相当于 300 个 80 时液晶电视的面积，一眼看过去，视觉冲击力相当强。大屏分版块显示华为全球交付、供应和服务的进展情况，指示灯不停地闪烁、跳动、刷新……

"一块大屏就把 GTS 全球业务集中起来了！"任总背着手，一边听着讲解，一边问财经来人了吗，突然，任总转过头对张印臣说："回去你们财经也搞一个！"

张印臣立刻应允下来，看着任总的眼神，完全不像是上一秒做出的决定，而是非常坚决，似乎早已深思熟虑过。

从西安回到深圳，张印臣马上向 CFO 孟晚舟进行汇报，召集财经 COE 与 IT 团队一起开始商讨。会上，孟晚舟阐述了自己对"财经大屏"的一些想法："我不希望把财经大屏仅仅做成一块数据展示的屏幕，要做，就要把这件事做得更有意义一些，我希望它能成为财经数字化作业的一个平台。第一，这个大屏应该让'战场'状态实时呈现。'作战'过程、业务结果要实时及透明地集成到财经信息系统中。财经不能等到水都烧开了，才知道温度是 100℃。这种滞后于业务活动的财经服务，不值得我们追求。第二，这块大屏最好还能承载'作战'指令，让'作战'指令可以垂直穿透、扁平下达，彻底改变以往层层传递的落后模式。指令层层传递，不仅浪费时间，贻误战机，还会造成指令的衰耗。最后呢，我希望这块大屏能做到跨地域的多方实时协同，要兼容公司的办公系统 WeLink，至少能在这个大屏上召集电话会议或视频会议。这样，当数据出现偏差时，我们在第一时间直接找到最能解决问题的责任人。"财经大屏，对每个与会人都是一个新鲜事物,大家就在孟晚舟的抛砖引玉下展开了热烈的讨论和畅想。

就这样,财经大屏在建设之初就已明确要将"大屏"打造成为"作战指挥中心",成为财经组织数字化作业的平台。

预知未来的"千里眼"

财经大屏首选的业务场景是账务。为什么选择账务呢?这也是经过我们反复思考论证的。

华为业务覆盖全球170多个国家、200多家子公司,每月的财务结账工作正如一次大规模"作战":7个共享中心仅参与的财务人员就有2000多名,近20000份报表也要在5天内生成。这是一项复杂且庞大的系统工程!账务打响了财经指挥中心建设的第一炮。

2017年3月15日,账务大屏项目正式立项,但"作战"指挥室是一个涉及业务方案、室内装修、音频视频、IT硬软件等综合解决方案的地方。咱们第一次做这么复杂的大屏,从何入手?站在巨人肩膀上才能看得更远,于是我们踏上了向西安大屏团队的取经之路。他们毫无保留地传授我们经验和建议。

得益于之前财经的 IFS(Integrated Financial Services,集成财经服务)变革,ERP(Enterprise Resource Planning,企业资源计划)、iSee(集成统一财务信息系统)等一系列 IT 工具,已经让账务各项作业有条不紊地在各个系统中跑动着。如今我们需要将170多个IT系统重新集成,将里面的海量数据按照各个维度,比如流程、领域等,分门别类地实时呈现在大屏上。

经过IT团队与业务部门的共同努力,我们的演示版本很快出来了。在账务大屏上,一屏览尽全公司的结账进程,并且依靠IT集成,还拥有了"千里眼"。打个简单的比方，大屏上柱状图显示公司近三年收入，点击 2019 年的数柱，可以进入下一级界面——各个 BG 的收入数据，点击运营商 BG 的数柱，又可以再到下一级，显示各个区域运营商的收入情况……这样，在大屏前，财务就可以看到最底层的数据了。这就是数据钻取功能，也就是说数据可以从集团层面一直下钻，从 BG 到全球各大区、国家、客户、合同……最后甚至可以探底到发票。此外，我们根据不同作业节点，设定好安全阈值，插入"探针"：当此环节出现问题，可能影响整体进度，系统就会自动报警。

2017 年 7 月，历时三个半月，账务大屏顺利上线，这给结账带来革命性突破。账务小伙伴们开心地表示，有了大屏，再也不用打电话、发邮件来一个个询问进度了。每个环节的执行情况，有没有什么问题，对未来最终结账有没有影响，大屏会通过绿色——正常运行、红色——提示预警等方式，让大家拥有了一双可以预知未来的"千里眼"。

每个结账日，大家在账务大屏前集中"作战"

后来我们才知道，全世界几乎没有一家公司像华为这样建设过财经作战指挥中心。作为财经领域的第一块大屏，我们带着对大屏的憧憬与向往，摸着石头过河，终于完成从"0"到"1"的创新。

关联交易大屏：我们的"前夜"

最优美的曲线

当我们为财经第一块大屏——账务大屏上线欢呼雀跃之时，另外一个指挥作战大屏的建设早已悄然拉开序幕，这就是关联交易大屏。

华为的关联交易涉及全球近150家子公司，业务部门希望能有一张交易路线图，一图知晓全局。与账务大屏一样，关联交易大屏也是建立在财经各种IT工具之上，数据准备已经相当充足，但是如何在地图上展示出2500多条交易线路呢？

开始，大家都觉得子公司之间的交易路线图，不就和飞机的航

关联交易大屏

线图一样嘛。比如华为所在 A 国家子公司卖了一批货物到华为所在 B 国家的子公司,一条曲线连接两国就行了,这有什么难的。但是深入研究发现,关联交易的场景非常复杂,两家子公司之间可能存在多种交易模式,A 和 B 之间能画出十几条曲线,如何做到这么多条曲线不重叠,这就是摆在我们面前的难题。

那段时间,项目组每个人电脑上都是各种各样的航线图,大家潜心研究,也没研究出来。后来,我们向 2012 实验室的专家求教,多位专家加入了团队,一起进行技术讨论与尝试。有一天从早上 9 点研讨到了晚上 8 点多,还是没能拿出方案。大家筋疲力尽,准备明日再战,"要不,咱们试试贝塞尔曲线?"突然不知谁说了一句,所有人仿佛黑夜里找到了一盏明灯,一个个都振奋了起来。

"贝塞尔曲线"是由线段和节点组成,节点是可拖动的支点,线段像可伸缩的"皮筋",依据四个位置的点坐标绘制出曲线。大家都有种预感,"航线图"有希望了。刚才一脸疲惫的同事们,此刻一个个神采飞扬,开始讨论具体落地方案了。终于在凌晨 1 点,绝对不会重叠的"航线图"横空出世了。当密密麻麻的贝塞尔曲线出现在屏幕上的时候,我们觉得这是世界上"最优美的曲线"!

如今在关联交易大屏的"联络图"上,只要鼠标悬停在某一条曲线上,就会出现一个悬浮的对话框,展示收益率的具体情况。有了这张"航线图",便可直观了解每家子公司的合规运作情况。航线图与贝塞尔曲线的完美结合,还成功申请到专利,但我们都想不起到底是哪位神人提出的 Idea,只能江湖人称"扫地僧"。

不可思议的合作

《我和我的祖国》这部电影中的第一个故事"前夜",讲的是开国大典前一天晚上，国旗电动旗杆的设计安装者林治远争分夺秒、克服困难、保障五星红旗顺利飘扬在天安门广场上空的故事。

这个故事很让我们感同身受，因为我们也有属于自己的"前夜"。

关联交易建设之初，我们以为只需将账务那一套软件和硬件照搬过来，填上关联交易的数据就可以了，但是真正开始建，我们才发现没那么简单！

首先硬件——这个负责显示的大屏本身，就不可"复制"。账务大屏建立在深圳，用的是国内 T 公司的大屏产品。因为业务需要，关联交易大屏将建立在华为伦敦财务风险控制中心，考虑到大屏硬件部署与持续运转和维护，选择的是当地 K 公司的大屏。

大屏的显示，依靠的是背后的显控体系，这就是大屏的"指挥大脑"，也是关联交易大屏技术方案成功与否的关键。之前，建设账务大屏时，通过与 T 公司合作，我们已经建立了一套较完善的大屏显控体系。如今，我们想直接用 T 公司的软件去操控 K 公司的大屏，就不用重复建设大屏显控体系了。从理论层面说，实现起来不难，但是如何让两家有竞争关系的公司的大屏技术方案融合打通呢？

雪上加霜的是，与此同时我们还遇到一个难题：由于项目时间紧，我们必须在伦敦那边安装大屏的时候，在国内同步进行研发，这意味着我们不能在伦敦现场的大屏上做方案验证。

《我和我的祖国》里，因为无法前往天安门广场，林治远自己搭建了与实物三分之一比例的旗杆模型进行最后试验。而我们，因为无法前往伦敦现场，只能在 K 公司的上海实验室里，开始属于我们的"前夜"：对着小屏幕做模拟验证。

栾卓是团队负责大屏显示控制软件的工程师，也是负责实现此次"融合打通"的主要参与者。"这个合作太不可思议了！"回忆起两年前这段经历，他依旧觉得神奇："可能是基于之前的良好合作关系，也有可能是华为的良好形象，或者是大家都觉得这是一次世界级的创新，都想试试吧，反正两家有竞争关系的公司在华为的牵线下，竟然同意合作了！"

根据规划，在伦敦的关联交易大屏是由 8 块 70 吋的屏幕拼接而成，高 1.74 米、宽 6.2 米，分辨率达 7680×2160 像素。而 K 公司的实验室环境中只有 2 块 60 吋的屏，分辨率也不够，还是不同代的产品系列。那一个月，华为、T 公司和 K 公司，三方团队，通力合作，经过无数次模拟、验证，终于确保了方案的可靠性。

现在回忆起来，那段日子似乎被每天重复的工作弄得有些记忆模糊了，但是栾卓深刻地记着最后和 K 公司专家告别时，这位专家说："我也支持过国内很多客户，就没见过这么绞尽脑汁地来解决每一个问题的，我真佩服你们！"

2018 年 6 月，关联交易大屏成功上线。这块大屏，不仅有"航线图"可以让关联交易一览无遗，还配有辅助分析决策平台，通过运用大数据和 AI（Artificial Intelligence，人工智能）拥有"试算"功能！这是一个可以自动推演各种结果的工具，现在子公司利润率管理就用上了这个工具，比如某家子公司一旦利润率出现了偏差，大屏不但预警提示，还会提供解决方案、建议如何调整，成为一个"会思考"的好帮手。

资金大屏：流动的指挥中心

艰巨的"洗刷刷"工程

2017 年，在关联交易大屏开工的同时，资金大屏也开始了建设。

CFO 孟晚舟不止一次说过，财经没有数据就等于没有了眼睛。

大屏的一个重要作用就是将所有数据集成，一站式展现。财经的 IFS 变革，让不少业务已经信息化、数据化，给大屏的建设奠定了基础，但是相比前两块大屏相对成熟的 IT 系统，资金大屏的 IT 系统稍显薄弱，如今想打造资金的作战指挥中心，必须要把数据进一步抽象和提炼，这就必须要经过数据的"入湖"、"清洗"、转换和集成的环节。

进入华为一年后，魏嫣然进入资金 IT 团队，一头扎进了"数据湖"。本科学的是信息管理与信息系统专业，研究生学的是金融专业，她对自己信心满满。

很快，她就发现不是那么回事。"刚开始真的疯了，我一开始甚至都不知道数据从哪里找，能找到的数据也经常来源不唯一、口径不统一、质量很差。"魏嫣然如此说是不无道理的，比如说一个 Excel 表，有 60 个字段，每个字段都要去做数据探索和挖掘，这样"清洗"之后，才能把数据搬过来，投入"数据湖"。庞大的数据量、复杂的计算口径、错综交叉的系统来源，如大山般横亘在她面前。

资金大屏

数据工作，从来就没有捷径。她下定决心，没办法，就从笨办法开始！就算是敲键盘也要找到数、找准数、取对数！

比如综合版面要展现的收入、回款、现金流等数据，既有财报口径又有管报口径；来源也不同，有的来自泛网络，有的来自 ICT 口径；开票回款数据既有实时数据又有日报数据，不唯一，有差异。

应该用哪个口径？她把所有指标的不同口径的多维明细取出，每个维度分类核对，一行一行找到差异点；再召集会议，与业务部门一遍一遍讨论集团、BG、区域等不同层级指标的使用场景和流程动作，根据管理目的，与业务部门一起确定每个指标的定义、口径和标准。看上去，是简单的 10 来个指标，但是她起早摸黑，整整花了两个多星期才将指标字典梳理出来。

那段时间，她的合租室友们对她进行了"灵魂的拷问"："怎么这段时间你洗澡的时间特别长呢？"一回忆，她才想起，因为经常在洗澡时想方案，有时候竟然洗了两次头、抹了两次沐浴露。

数据清理也是一个庞大的工程，从事这项"洗刷刷"工程的人员差不多有近百人。大家一起在数据海洋里"深挖""清洗"，理清一个个数据血缘，然后再投放至干净的"数据湖"里。经过两个多月的时间，资金部门完成数据准备和服务封装，完成 200 多个指标定义、口径、度量，90 多个数据服务的封装和提供，攻下了资金大屏建设最困难的点。这期间的艰辛，真是说也说不完，我们常说资金大屏的建立就像"一场没有硝烟的战争"。

2017 年 11 月底，资金大屏上线之后，资金管理部门的工作模式也彻底转变了。比如，资金业务的主管们每天在资金大屏上实时指挥资金调拨、存量管理、外汇对冲等"军种"作战。再比如，承担着守住资金安全"最后一道关口"重要使命的全球日清日结中心,以前是每个作业人员线下逐个账户频繁检查对账进度,高风险问题再线下联系一线责任人处理。现在,大家可以通过大屏统一审视各区域、账套、账户的对账归档完成情况,在周结、月结紧张时期,更是集中作战,高风险问题现场就通过大屏连线一线责任人在线处理。

"天幕"拉开

  账务大屏、关联交易大屏的建设,都是开发定制的模式,成本较高,开发周期也相对较长。面对未来的大屏需求,我们需要有自己的技术平台,具备配置化的能力,为后续大屏的开发打下基础。

  这个能力,就从资金大屏开始建立的,对于 IT 团队来说,又一次从 0 开始。他山之石可以攻玉吗?我们首先研究了国内电商双十一大屏是怎么做的,发现这条路行不通。因为这种大屏是在视化大屏平台 D 工具上配置出来的,要把所有业务数据上传到这个平台上不说,这个平台的运行速度慢,无法满足财经指挥中心的需求。

  既然这样,自己动手,丰衣足食吧!IT 技术专家梁立平在与团队成员讨论了 9 个小时后,决定自己造个可视化配置产品。说干就干,参照着业界的一些设计思路,我们将功能场景拆分为单页的应用,这样就等于把串联的一些功能转化为并列,极大地提高了速度。

  还能优化吗?能!通过转变请求数据的模式,让数据主动推送给大屏。这就好比 QQ 软件,我们不仅可以和对方对话,对方也可以主动给我们发送消息。这个方法既解决了快的问题,又解决了实时的问题,在这点上,我们的方案性能是 D 工具 20 倍以上。

  记得第一次给资金业务的小毕演示时,他竟然质疑:"你们这么快,数据是真的吗?"我们乐了,特意安排了一个同事验证,果然屏幕上跳动的数据和实际是一致的，在场的人都纷纷夸赞："你们真牛啊！"团队每个人心里都美滋滋的。

因为资金业务的特点，不需要像账务和关联交易那样，有专门的会议室、专门的大屏幕，我们准备将资金大屏打造成为一个"流动"的指挥中心，只要有一块屏幕，投上去就可以成为资金大屏。这个想法，通过与华为办公软件 WeLink 数据集成的对接实现了，如今拿着手机，通过 WeLink 身份验证，就可以将会议室的电子白板秒变为资金大屏，随时随地就有"作战室"了。

我们这一套自研的大屏平台系统名字叫"天幕"，迄今已经形成了 95 个组件、72 个模块，在移动连接、人屏互动等方面均为业界领先。特别值得一提的是，相比定制大屏需要两三周的时间，"天幕"上单屏的开发只需要一两天。这就如同我们已经建好了一个仓库，有需求直接在仓库里找各种组件，配置起来就行了。后续的经营大屏、合规大屏等，正是如此配置而成的。

"天幕"成为大屏建设中不折不扣的神器。正是有了它，更多大屏的建设拉开了帷幕。

一屏天下小

截至 2019 年 11 月，财经已经上线了 5 块大屏。根据业务需要，已有大屏不断优化，新的大屏还在开发。作为财经重要的指挥中心，我们期盼大屏能够"会当凌绝顶，一屏天下小"！

有了大屏，财经再也不是躲在业务后端的那个部门了，它走到前端，通过设立风险预警机制，让业务在安全区"自由行走"。比如，CFO 孟晚舟常提到的"探针"，正是努力的方向。我们正探索通过数学推演，设立 AI 模型，未来希望把所有的财务管理变成"探针"，插入华为各项业务中。这个"探针",就像流动的河水中的温度计,水继续流,温度计时刻监测。财经希望通过这种悄无声息的监控与守护,能对业务及时知晓、分析、预警,乃至做出辅助决策。

对于华为财经人,提起大屏,脑海里不仅是屏幕上跳动的数字、业务实时的进度、复杂的"航线图",更多的还有建设过程中一幕幕的场景:有刚装修好的财经大楼中散热的大风扇,有对着无数张"航线图"的抓耳挠腮,有午夜走出办公室后仰望的点点星光,也有通宵攻关后转身瞥见的第一缕阳光……那个时候,华为财经人特别想对身边并肩走过这段旅途的战友们互道一句:"你真棒!"

大屏建设仅仅是财经数字化规划的一部分,这是一个漫长而循序渐进的过程。作为普通平凡的华为人,我们一直在为财经数字化而努力着。我们深知,未来还需要更多的创新,但是再远的目标,都可以到达;再长的路,都可以用脚来丈量……

热世界里的冷技术

作者：洪宇平

在深圳坂田华为总部 E1 二楼，有一间实验室，不到 400 平方米的空间内，大大小小的仪器设备鳞次栉比。这个看似普通又名不见经传的实验室，每年会接待无数的各国政要和重要客户，是展示华为基础研究能力和硬件可靠性的一扇窗口。这就是华为的热技术实验室。

你也许要问，热技术实验室是干什么的？简单来说就是如何把通信设备产生的热散出去。散热能力的高低决定了通信设备的性能和可靠性，就像医生给发烧的人降温一样，永远是一个挑战。

我一毕业就成为华为一名热设计工程师，在这里度过了 19 个春秋，参与和见证了热设计以客户的需求为驱动，提供从芯片、单板、模块、机柜、站点、机房等端到端的散热工程解决方案，助力华为产品飞向全球，也见证了华为散热技术从弱到强、从有到优、实现业界领先的每一步历程。

每延误一天，就损失 20 万元开发费用

1999 年，华为成立了热设计工作组，当时仅 3 人，日常工作主

要是做产品散热方案开发，尚未开展基础技术研究。2005年之后，随着华为产品规模发展，硬件能力越来越强，但散热能力不足的缺点凸显，成为被产品线诟病的短板。

那是2005年的一次芯片散热攻关，运营商客户需要华为开发一款集成4个CPU（Central Processing Unit，中央处理器）的服务器来支撑多媒体数据处理。CPU采用了当时最新的45纳米工艺。

通信设备里主要的热源是核心芯片，一枚高性能芯片的面积仅600多平方毫米，但芯片里的热密度却和核反应堆堆芯的热密度是一个量级。怎么把芯片的热散发出去，一直是业界一个难题，也是我们不得不攻克的难关。

那时，我们的理念还停留在使"蛮力"阶段，认为热了就用风扇降温，风量调大，散热器加大，总能"冷"下来。服务器开发和测试验证一切正常，却卡在了极限高温加单风扇失效的散热环节，因CPU过热导致设备宕机了。

解决不了散热问题，产品就无法投入市场。每延误一天，就要损失20万元的开发费用。我们心急如焚，连续几周紧急攻关，试了各种散热方案，光散热器就打样几十次，样品堆了几十斤，却始终找不到原因。

万般无奈之下，我们只好求助芯片原厂家。厂家资深热设计专家查德也没遇到过这种问题，但是他非常了解45纳米芯片的机理，连续一周和我们一起跟踪测量风扇坏后芯片的温度和功率变化，逐步定位出了原因。芯片到45纳米后功耗会和温度强相关，温度越高，功耗越大，如滚雪球一般，极端情况下会出现功耗雪崩现象。可靠的散热方案需要考虑极端异常场景下的功耗散热需求，我们要优化的不仅仅是散热器，而是整个系统的散热能力。

经过一番攻关,问题总算得以解决,但教训也是深刻的。以前我们只关注解决当下的问题,并没有关注硬件快速发展对散热的需求,没有针对性进行技术储备。散热能力必须瞄准业内标杆,跟上业界发展步伐,工程方案设计和基础技术研究并重,才有华为热设计的未来。

到凤凰聚集地筑巢引凤

从 2006 年开始,我们加大投入,进行基础散热技术的开发,探索如新型散热器、导热材料、液冷等与散热相关的技术研究。领导将当时仅有的 3 名从事热设计 5 年以上的"老"员工老池、老许和我,派到欧洲、日本等热技术人才集中地,在专家资源最丰富的地方就地找人才、建团队,筑巢引凤。

S 国资深散热专家 Vadim(我们后来叫他老瓦)就是其中之一。我们邀请老瓦做顾问,并围绕老瓦在 S 国建团队,成立热能力中心,负责最具挑战性的散热新技术研究。

2008 年,应无线产品线的需求,我们要为客户的室外机柜设计一款新的换热器,在不改变机柜大小、不增加机柜数量的前提下,提升设备的散热能力,实现 3G 向 4G 的平滑扩容能力。

老瓦提出采用"塑料换热器"方案,以塑料替代原来金属材质的换热芯。塑料的可塑性好,在相同体积内可以加工出更多的换热面积,但如果流道设计不当,也会阻碍设备内部的空气流通,导致热无法散出去。2006 年,我们曾和日本 P 公司合作尝试过这一方向,但样品做出来后在设备上反而"跑"得更慢了。老瓦凭借多年经验判断,是我们在风阻参数这一关键设计上有问题。他非常有信心能取得突破。

之后老瓦带领我们和P公司开始深度对接。老瓦在S国，我和另外几名工程师在国内，P公司的工程师在日本，一场历时三个月的跨国协同开发就此启幕。老瓦不远万里飞到日本，和工程师详细沟通方案；我们在国内则通过大型风洞测试和仿真测试，测试出机柜风阻系数范围，并和日本工程师多轮电话会议，沟通对接方案，定义产品工艺规格，统一规划进度。到最后的设计参数对接环节，为了让测试环境更接近实际应用的环境，我们还将设备从中国运到日本。我两次飞到日本和他们联调，最终合作开发出匹配风阻的换热器原型。

老瓦的方案得以实现，室外机柜采用创新和环保的散热技术，散热能力由此提升40%，帮助产品成为当时单位体积集成度最高的4G基站。事成人爽，老瓦后来主动提出从顾问转为员工，在华为长期奋

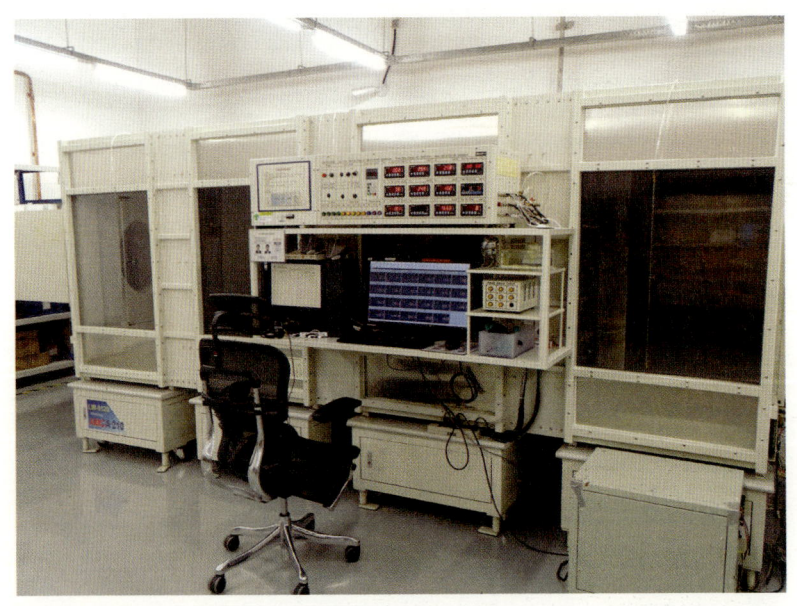

热技术实验室一角

斗。他常说,在华为这样一个充满活力和快速发展的公司里,和强大、多元化、开放的热设计团队一起工作,让他明白了诚信和团结合作的意义。他也非常乐于和中国同事分享他的知识和经验,直到现在,老瓦还时常感慨:"To join Huawei is wise!"(加入华为是明智之举!)

专家的能力决定技术的深度,人脉决定资源的广度,而开放坦诚的合作决定了项目的成功。从 2007 年到 2010 年,我们在全球寻找最优秀的专家,逐步在欧洲、日本等地建立起热能力中心,招募外籍高端专家十多名。我们由此准确识别方向,工具建设初具规模,实验能力同步业界。散热能力也更上一层楼,高效散热技术的基础研究开始发力,支撑公司产品热设计能力赶超友商。

一片叶子窥"天机"

摩尔定律推动了 ICT 设备集成度持续提升,从大功耗芯片热点到整柜散热降噪,从室内盒式设备到室外站点设备,散热挑战日益严峻。

2012 年底,无线产品线提出一个新的需求,提升分布式基站 RRU(Remote Radio Unit,射频拉远单元)的散热能力,支撑基站增加信号发射通道数量,实现更好的信号覆盖。分布式基站为华为在业界首创,风靡全球。它采用无风扇自然散热技术,能在各种恶劣环境下可靠运行,单位体积散热能力通过反复优化已领先业界,如果要再提升,难度不亚于百米赛跑,10 秒以内每提升 0.01 秒都是一次艰难的突破。

我们将常规的散热器齿片厚度、间距、高度、角度等参数的仿真优化统统尝试了一遍,但是毫无进展,感觉已经束手无策。

闭门造车难合辙,开放创新方有路。2013年初,我们决定向业界发出关键技术挑战英雄帖。经常脑洞大开、善于将自然科学和社会科学研究相结合,有着"怪才"之称的S大学夏老师揭榜。

尽管对项目的难度早有预期,但实际操作起来的难度还是超出想象。我们和夏老师就方案讨论了好多轮,还是找不到突破口。八月的一天午后,工程师小唐陪夏老师漫步在华为上海研究所的湖边。走着走着夏老师突然盯着一片水杉若有所思,然后他弯腰从地上捡起一片树叶,笑着说:"这片叶子,说不定能解决你们的难题。"

看着小唐一脸疑惑,夏老师解释:"树叶通过光合作用吸收阳光,表温不断升高,如果这些热量不及时散掉,植物会被灼伤。叶子利用大量水分的蒸腾,带走了大量的热,从而降低了表温,活了下来。自然界经过亿万年的优胜劣汰,能生存下来的物种都具备某种特长。

通过激光测量可以看到散热器表面的空气流动

你们的硬件正如需要散热的植物本体，散热壳体正如这片叶子，确定主脉和支脉及其关系，就可以做到最优。"

茅塞顿开。由树叶到大树，由自然界到社会组织，无不体现着优胜劣汰，有用的部分不断进化，无用的部分不断退化，我们所看到的世界就是进化的结果。

夏老师擅长模型抽象、机理分析，我们擅长实验表征和设计应用，随后我们和夏老师一起研究散热器的应用场景、各部分用途，讨论哪些可以舍弃、哪些可以增强，在做了大量计算的取舍之后，一个模仿生物原理而成的仿生散热器诞生。

一片毫不起眼的叶子发挥了大效用。"仿生散热器"作为首创技术应用于 RRU 中，设备在体积不变的情况下，散热效率提高 15%，功能和造型设计融合，既散热又美观。这一技术原理还被应用到微波、小型基站等产品上，增强了产品的竞争力，在高密度散热、小型化能力上持续领先业界。

打通 5G 基站散热的"任督二脉"

为了在 5G 时代实现引领和超越，2014 年，华为开始 5G MIMO（Multiple-Input Multiple-Output，多天线技术）的预研。5G 网速相对 4G 增长了 100 至 200 倍，但是单位 bit（比特）流量的功耗比 4G 却下降了 50 至 100 倍，但基站绝对功耗还是有一定幅度增加，如何把热量散掉成了关键。

通常，散热器上有一排排的肋片，就像北方家里取暖用的暖气片一样，热量从芯片传递到肋片上，再通过辐射和对流散播到空气中。肋片越高散热越好，但当肋片高度超过 60 毫米时，散热效率却会随着高度增加明显下降，单位体积的散热能力会越来越低。这时，要提高散热效率就只能增加肋片的厚度，厚度每增加一倍，重量也会增加一倍，但散热能力只能提升20%。一旦过重，安装和维护需要耗费很大的人力，而且铁塔也不一定承受得了。散热、重量和体积相互制约，一下子陷入恶性循环。

怎么打通它们之间的"任督二脉"？想办法改进肋片的散热效率和减重是核心。我首先想到的是将每一根肋片都采用Thermo Siphon（热虹吸管）相变传热技术。这一技术，就是利用封闭腔体内的液体受热汽化带走热量，气体流动到远端冷的区域释放热量后又变成液体，液体通过重力作用返回热的区域，通过液体与气体周而复始的转换，快速完成热量的传递和散发。其次，我将实心的肋片改为中空的相变传热肋片，既能传热，又能减轻重量。

道理很简单，但工程上实现并不容易。生活给了我启发，我想到了大学时去冰箱厂实习时，看到冰箱蒸发器里有一个吹胀板的工艺，是不是可以试试？

说干就干，四个人的样机研究小组迅速成立，开始寻找可以设计加工出这种散热板的供应商。热设计专家惠工和结构专家老王一个月跑遍了广东、江苏做冰箱配件的厂家，挨家了解其制造工艺、加工精度、成本控制等，然后再找做冰箱配件最好的师傅操刀。费了一番周折后，我们才敲定最合适的供应商。不到两周的时间，厂家设计加工出了散热板的简单原型，我们给它命名为RBC（Roll Bonding Cooling，吹胀均温板），它的管路内填充了家用冰箱的雪种作为工质，在底部加热测试，均温效果非常好，上下温差在2℃以内。

然而我们在自己的实验室做温箱加热测试时，却状况频出。惠工一点点升高温度，加大功率，当温度超过60℃时，突然听到"啪"

的一声，RBC一下子变形了，接着管路也破裂了。实验失败。

大伙开始分析原因，冰箱雪种满足不了散热性能？肋片的铝材不够耐压？我们兵分两路，从材料、加工工艺和工质上想办法，老王联系专家去做力学仿真，优化管路形状以提高承压能力；我和惠工找能替代冰箱雪种的新工质。然而，花了一两个月时间做的力学仿真只能优化，不能根本解决问题，我和惠工翻遍了市面上已有的工质，也没找到合适的。

也许冥冥之中自有天意，在我们苦苦寻找思路和办法的同时，我正好参加了2014年底在日本举办的华为CTW（Cooling Technology Workshop，散热技术研讨会），一位参会教授介绍某个研究时偶然提到了一种新型雪种，这让我眼前一亮，直觉告诉我可以用到我们的设计上。会后，我查阅了相关资料和论文，认为技术可行，赶紧打电话给在国内的惠工。这种新型雪种在市面上并不常见，但好在联系上了生产厂家，惠工买到这一新型工质后，不断优化测试验证，一个月下来，终于达到满足热性能和高温耐压的要求。

满怀希望的关键难关散热肋片可以落地了！可2015年底，我们却收到了一个坏消息。

两年的攻关就要前功尽弃了吗？

随着5G MIMO的需求不断细化改进，RBC却无法有效循环散热了。按照最初的设计，RBC需要把芯片热源放到其底部才能有效通过重力来循环液体。硬件工程师提出，需要把一部分芯片热源布置在中上部，如果满足了芯片在中上部的散热，通道内就要填充更多的液体，这个时候RBC底部的液体工质就变成"一摊死水"，成为不流动的死区。

团队每个人都很受打击。对于工程师来说，设计的产品就像自己的孩子一样，目标当然是最后能呱呱坠地，真正帮助产品提升性能。而且，我们花了两年的时间，迈过了一道又一道难关，难道是走错路了吗？所有的努力都要前功尽弃了吗？不，这样的结果是我们不能接受的。我告诉自己，一定要坚持住，并安慰团队其他人："一定有机会解决的！"

这一次我换了一个思路，把目光投向了学术界。我跑到国内几所知名高校，向专家、学者求助有什么新的思路和想法，并开展技术合作。在汽液相变输运机理研究很深的S大学H教授另辟蹊径，提出在原来传统的重力驱动基础上，增加气泡泵作为第二动力源来散热。

一年多的合作研究中，惠工在这个思路的基础上，花了三四个月的时间进行了大量的仿真和实验优化。我们和H教授联合设计出一种新的超越传统重力驱动方式的气泡泵驱动专利方案。结构专家老王跑厂家十几次，和生产线师傅一起当场优化RBC的材料和工艺。试制了800多片后，我们终于找到匹配RBC所需的管路尺寸、精度和良率的材料选型，以及挤压工艺参数，成功做出散热肋片，并可实现量产。

此后，经过整机部门、研发结构团队和供应商技术团队一年多的努力，2017年，能承载5G MIMO轻量化的RBC散热器诞生，单位体积散热能力领先业界20%、单位重量散热能力领先30%，我们的散热技术随5G产品一起独步江湖。

一步先，步步先。与此同时，我们在电子设备液冷这一前沿技术的多年探索终于变成现实。经过8年的耕耘，2019年9月，华为在HC（Huawei Connect，华为全联接）大会上发布了达·芬奇AI集群，采用高效混合液冷技术，单柜散热能力是常规风冷的6倍，未

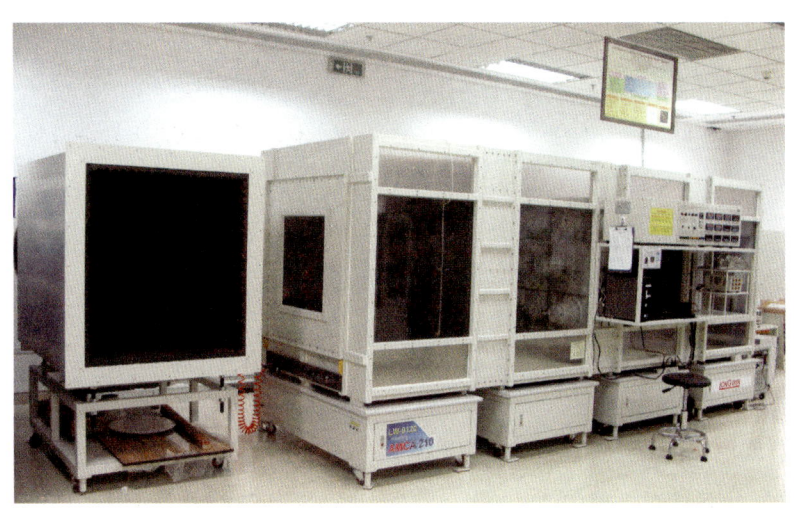

热技术实验室一角

来将用于华为云领域。

二十载日月流转,风云变幻,热技术跟随公司一同成长,如今业务已遍布海内外,团队从最初的3人发展到100多人,其中三分之一是博士,承担着从器件到系统各类基础散热技术研究,致力于探索性能更高、能效更优、环境友好的创新散热技术。

仰望星空,朋友越多,天下越大。作为华为基础研究的先行者之一,我们的热设计站在巨人的肩膀上前行,不断超越自我,寻找新的机会点,新工艺、新方法持续跟进,目前已逐渐成为支撑华为硬件性能的关键工程竞争力,助力华为产品业界领先。同时,我们通过开放合作,不断提升研发者紧扣学术研究前沿和满足实际需求的能力,充当制造业与产业界和学术界之间对话的使者,走出一条产学研紧密合作的新路。

(文字编辑:肖晓峰)

结构材料"小虎队"

作者：HU BANGHONG

"一杯咖啡吸收宇宙能量，一桶糨糊粘接世界智慧"，是华为最近很热的一句话，有人说这代表了华为的人才哲学。这句话用在我身上很贴切，因为我就是被"糨糊"粘接，从一个"世界500强"的企业走进"不仅仅是世界500强"的华为。

我曾任新加坡科研局的高级科学家、跨国公司的高管，来华为后，担任结构材料首席专家、结构技术实验室主任，2017年又成就了个人职业的新巅峰——公司Fellow（企业院士）。在回顾这些看似寻常又不寻常的经历时，我最开心的，是亲身经历了我们团队的成长历程——"糨糊"精神让结构材料实验室成长为公司顶级实验室之一。

年轻鲜嫩的"小虎队"

来华为之前，我任职一家世界500强公司管理层。出于业务需要，我和同事们经常来华为交流，华为人的奋斗精神给我留下深刻印象。在我心目中华为是家很了不起的公司，经过多次交流和认真思考，2012年8月14日，我应邀正式入职华为，任结构材料首席专家，也算是整机领域第一位外籍首席专家。

入职第一天的情景至今记忆犹新。我一走进实验室,看到不到 200 平方米的空间里摆放着一些设备和仪器;在那里,我与结构材料工艺团队的成员见了面,一眼望去,十几个鲜嫩的年轻人,据说大多刚工作一两年,最"老"的员工也才工作 5 年。

啊?我将要带领这样的队伍和实验室去搞最前沿的结构材料研究吗?这跟我之前想象的差别可不小喔!不过,我这个人是比较乐观的,转念一想,实验室虽然又小又简易,可是华为的整体实力强劲,自己有多年的实战经验,有充分的信心我们会很快崛起!随后,经过与这十几个工程师一段时间的共事,我发现他们虽然年轻,但做事都很有热情,而且严谨、聪明。从他们身上,我看到了动力和希望,也经常在不同场合称赞他们为结构材料"小虎队"。

打造华为的专利材料

2012 年 8 月,我刚到公司不到一周,业务部门就抛来一个难题,也是客户的紧急需求。

原来,业务部门同事为应对某产品模块防腐性能进一步提升的诉求,基于调研和分析,选定了一种欧洲标准 D 配方,作为模块基材的替代材料。

我入职后,和大家一起检视了该配方,发现 D 配方虽然耐蚀性不错,但存在不易成形等生产困难。没几日,问题真的被言中了,按照 D 配方,供应商始终生产不出来模块。交付日期日益迫近,求助和施压的邮件、电话暴风骤雨般地向结构材料团队袭来。

我马上和项目工程师黄工、部门项目主管肖工赶往惠州,一头扎进铸造车间。现场着实让人傻眼，因压铸成形失败而损坏的模具，刚刚修好，却在下一工艺环节中又卡死在压铸机上拔不下来，Die One Time Dies（模具用一次就报废了）。怎么办？

改合金配方？同事说，别想改，改了要从头验证，流程没个半年一年是走不完的。而且公司的传统是，遇事别找理由，当务之急是解决问题，以后再谈优化。

改模具？供应商提醒我，重新做模具，即便一版成功，也至少两三个月时间。他还不忘补充："模具很贵的，好几十万元噢！"

一句话，就是这个现状，还要解决问题，及时交付产品。

惠州的夏天，车间里面接近 50 度，如蒸桑拿，这也不能改，那也不能动，整个人都快熔化了。但凭借 20 多年的行业经验，我的头脑还是冷静的。不能变配方，但元素含量的范围上下限我是有选择权的，可将元素比例调整到恶劣情况下的最佳；模具主体不能动，但模具与机器相连的进料室及水口部分模具，还是有改善空间的。

两天后，工厂来电话说料备齐了，准备着手改模。我赶紧在电话里喊道："别动，我马上过来一起改。"我匆匆拉上部门邓工开车出发（公司有规定，去供应商处至少需要两个人），那天下着大雨，路又不熟，从坂田开了两个多小时高速才到惠州的铸造厂，一直忙到深夜，总算把改模的细节敲定了。三天后，一件接一件的模块铸件成功充型并脱模，经现场检验，充型完整，内部致密无气孔，可以交付了！持续一个多月的交付难题终于解决了。

后来，又有欧洲某客户提出需求，在极端恶劣环境下要求高耐蚀的同时，还要求更高的充型性能。面对挑战，我和压铸专家老孟一起提出一个崭新的配方 D2，对三种元素进行了创造性的配制设计，由年轻的袁博士负责起草专利，并迅速展开新配方的测试验证。历时多月，在不同产品做了数百次的压铸及验证，最终固化了性能和材料配比上的平衡点。

D2材料相比于业界最好的材料，导热更好，抗腐蚀性能提升数倍，成形能力更佳，真正创造了一种华为专利材料。迄今，该材料已在采购额为数十亿元的压铸件上实现全面切换，让客户用上了更优质的产品。

以员工名字命名的新型合金

2013年是天线大发展的年代。当时公司正在推动同时支持多频段和多制式的集成天线。可是，新的集成天线要求不能降低性能、不能增加重量。性能问题有专门的同事负责，减重任务自然落到我们结构材料团队身上。"减重"，说起来容易做起来难，因为天线架构是根据其功能设计出来的，一个部件都不能少，所以只能在材料上下功夫。在减轻材料的同时，还必须保证结构部件的功能、强度、刚度、韧性等不受影响。更何况当时天线中的模块所采用的材料已经是金属中的轻质结构材料了。

怎么能再轻点呢？只能用新材料了！我们想到了M合金，传统的M合金在飞机、汽车和3C（Computer, Communication, Consumer Electronic，计算机、通信和消费电子产品）行业早有应用。差不多20年前，我在新加坡就帮助成立了东南亚第一家M合金压铸及成形公司，对M合金非常了解。虽然M合金比传统的轻质结构材料轻三分之一，但其自身也有缺点，它更易被腐蚀，导热能力也只有原先材料的一半。应用在飞机、汽车和3C行业，M合金的这两个缺点还不至于造成太大的问题，可对天线来说却是致命的，因为天线很可能会被放置在荒山野岭中，要求有 10 年的免维护寿命，而且天线中的模块对导热性要求很高。

M 合金是给天线减重的潜在的好材料，现在要做的就是去攻克它的两大缺点。我们团队带着满腔诚意的"糨糊"，去"粘接"世界范围内 M 合金领域顶尖级的高校和企业。经过无数风风雨雨，我们终于与一家公司联合开发出高导热的 M 合金，与另一家科研机构合作开发出能承受 10 年风吹雨打或盐雾考验的 M 合金耐蚀涂层。经过打样、集成测试，证明方案可行，成功达到项目预定的减重目标。

新开发的高导热 M 合金，我们将之命名为 XF 合金，X 和 F 分别是项目组两位工程师肖工和富工的姓氏拼音首字母；新发明的 M 合金耐蚀涂层命名为 MW 涂层，M 和 W 则分别代表工程师穆工和王工；后续我们又开发了天线 PIM-Free（Passive Intermodulation Free，不产生无源互调的）连接技术的涂层，命名为 LC 涂层，分别代表黎工和陈工。我们认为，技术不是干巴巴的，是有人情味的，这也算是用"糨糊"粘接团队的"非物质激励"吧。

用刀划不坏的手机

大家可能在网上看过一张照片，消费者业务 CEO 余承东左手拿着一部手机，右手拿着一把刀，用刀在手机屏幕上划来划去，这是 2014 年 P7 蓝宝石典藏版手机现场发布会的照片。当时看到此情景，我感到很自豪，因为这个"蓝宝石无损切割技术"就是我们结构材料团队开发的。

那段时间，又硬又漂亮的蓝宝石成为手机业界的新宠，友商早就对它垂涎三尺，但其加工工艺难度极大，经过多年努力也只实现了在一个按键和镜头护盖上的使用，无法在屏幕上应用。难点就在于蓝宝石虽然硬，但也非常脆，尤其是做成大尺寸屏幕时更容易碎裂。

"等"还是"闯"？我们内部也有过争论。当时华为手机正处于蓬勃向上的关键时期，我们激情满满，决意闯一闯，做别人没有做过的，成功了就会给华为手机添上辉煌的一笔。这里特别感谢当时整机部门的业务主管们，他们的决心和支持是这项研究得以开展的强大动力。

调研，分析；再调研，再分析。从制作蓝宝石的数十道工序中，我们终于挖出了其易碎的根源。我们发现，蓝宝石在切屑加工过程中，会在边界形成肉眼看不见的微裂纹；同时切屑过程的摩擦生热，又使热量由边缘向内部扩散，导致材料膨胀，加快了裂纹的生成。想要消除这个现象，就需要一种新技术，能把蓝宝石边缘的机械损伤减到最小，还不产生热效应。

寻找新技术的过程中，我们敞开心扉，力争"用一桶糨糊"粘接起尽可能多的世界智慧，与包含院士和很多企业的CTO（Chief Technology Officer，首席技术官）在内的业界朋友进行大量交流后，"皮秒激光加工"技术进入我们的视野。这种技术是用持续时间只有几皮秒的激光脉冲能量去切割材料，1皮秒是多长呢，一万亿分之一秒（即10^{-12}秒）。几皮秒的激光脉冲，快到足以切割蓝宝石，且来不及把热量传导给周围，也就无热传递、无热膨胀，也就不会产生裂纹。

但皮秒激光加工的频率、能量、脉宽、工件移动速度等技术参数需要系统地去摸索和确定。为此，我们团队起早贪黑、夜以继日，吕工、蔡工在工厂"卧厂"近两个月，最终找到了适合加工薄壁大屏蓝宝石屏的参数。首个蓝宝石屏手机横空出世，震动业界。

持续前进的"小虎队"

前面说了，我刚接手结构材料实验室时，实验室成员都是从业不久、大多为工作一两年的年轻人，我称之为"小虎队"。为了更迅速拓宽队伍的视野、提升专业水平、广泛吸收业界能量，实验室借力行业的"朋友圈"，持续推动与业界顶级牛人"喝咖啡"，吸收全世界的智慧。比如2016年，在日本横滨召开了华为结构技术峰会，我们请来了诺贝尔奖得主、院士等顶级科学家做宣讲，还与业界领先企业的CTO深度交流，开阔眼界的同时，提炼出多个有价值的潜在合作项目。

经过多年的努力，结构材料"小虎队"已成长为业界领先的结构材料团队，包含中、高级专家梯队40余人，半数为博士。团队共发明近百项专利，与业界顶级机构的重要技术合作有20余项，获得了公司"金牌团队"等诸多奖项。许多国内外重要客户来公司参观时，都会来结构材料实验室。我们的实验室已经成了公司展示核心技术能力的窗口之一。

（文字编辑：张钊）

一根光纤绕指柔

作者:杨海滨

我叫杨海滨,一名制造老兵,在华为工作 19 年,从未上前线去真刀真枪地大干一场。我的工作主要在生产线上,给刀开刃,为枪擦油,源源不断地输送炮弹到战壕。但我坚信,前线获得的一个个胜仗里,有我的功劳。

第一章 埋头千丝万缕间

一上午的"成果":1个

2000 年,愣头愣脑的我进入华为,被分配到波分产品试制车间。第一次进车间,我就被华为的机柜震惊了,以前的公司都是做 VCD、DVD、学习机这样的小家伙,相比之下,足有 2 米高的机柜简直是庞然大物。这些大块头的肚子里,还容纳着许多单板,连接着密密麻麻几千根光纤。

这些大块头都是干什么用的?导师老曾和同事小陈倾囊相授,让我逐渐了解到,机柜里的东西大有名堂,主要用于信号之间的接收、转发和传输。每秒有几百个 Gb（Gigabit，千兆比特）信号在单板之间来回穿梭，像我们的声音、数据、视频这些业务信号沿着一根根光纤穿越至千万里之外，把信息带到千家万户。

一想到家人打电话时，声音都要经过我亲手调测的设备，我突然有些兴奋：过年回家，与家人聊起这件事，他们说不定得有多高兴呢。机会难得，我一定要做好这项工作。

一上手做的工作，看似最简单，却也最烦琐——盘光纤和连光纤。把单板上几十根纠缠在一起的光纤一一理顺并盘绕起来，再把每根光纤平顺地放到对应的光口上去。

印象最深的那次，是刚到华为不足一个月，导师老曾拿来一批单板，每个单板上有二十来根光纤。比头发丝粗不了多少的光纤要一根一根地盘到不足 A4 纸大小的单板上，简直不知道从哪里下手。

真正动手时，痛苦才刚刚开始。光纤有一定的弹性，岂能轻易"服软"，总会按照自己的弹性扩张开来，后面的光纤还没有绕好，前面的又来搅局，没耐心是不行的。新手手里不知轻重，手轻了，有的光纤盘好后不能自然舒展，需重新调整受力方向；手重了，光纤生来脆弱，绕纤的半径又比较小，一不小心就会折断，不细心也是不行的。

"猛张飞干起了绣花活"。一个上午，我只盘好了一个单板。这样的效率让我十分沮丧，来公司的第一单活都干不好，说不定哪天公司就不要我了，还好意思过年回家去炫耀？

怎么提高效率，一时想不出巧办法，只能用最笨的方式：熟能生巧。其他同事都喜欢做简单的只需打螺钉的单板，我却偏要承接光纤单板，边连边做。慢慢地，纤细的光纤拿在手上，心里不再有初始的那种茫然，成品也漂亮多了。

然而，盘纤效率始终不能让人满意，这时对单板需求量不是特别大，我们尚且能应付。可有朝一日，前线吃紧急需炮弹怎么办？到那时我们后方可真是哭都来不及。

研发人员都上了生产线

危机发生在 2003 年 5 月。作为国内最早做波分通信设备的公司之一，华为正在积极开拓波分市场，波分容量从最初的 320G 扩展到 1600G，BWS 1600G 产品大量发货。那时市场竞争异常激烈，经常是谁家的设备先到货，客户就把这个地方的单子给谁。

市场人员一面在前线与客户泡在一起，抢单子、做方案；一面又要每天向后方的计划调度呼喊，要求补充弹药。可盘纤效率较低的问题始终制约着出货速度，后方造不出炮弹，前方将士拿什么打仗？

有些心急的市场人员，会到生产现场督战，催促发货：快点，快点，再快点！还有的市场人员，提前几个月就下了内部订货单，大费周章就是想早点把货搞到手。

逼急了，甚至连研发同事也会放下手里的活，加入我们连纤、调试。但盘纤是个细活，不是随便谁撸了袖子就能上。研发的"书生"们脑子转得快，然而手工却不那么灵光。很多来帮忙的同事一不小心就会弄断光纤，到最后大家看着光纤，就像看着国家一级保护文物似的，都不敢轻易上手。

调度一遍又一遍地对前方人员说"再过两天一定产出完成"，产品经理一次又一次向部门领导要求"明天必须交货"。我们虽然一刻也没闲着，一个人恨不能劈成八个用，可单板产量怎么也上不去。一边是如潮水般涌来的订单，一边是如小山般堆积的待装单板。

前线将士已经冲锋上去，总不能让他们徒手攻阵地吧？

"梳"出来的炮弹

怎么提高单板量产，成了我们所有制造人的心病。每天加班赶货后，我就找几块测试用的废旧单板，手里攒着几十根光纤，在单板上一会儿顺时针，一会儿逆时针，正八反八，大圈小圈，能想到的盘纤方式通通试了个遍。可没有一种方法是成功的，盘纤效率就是上不去。

那段时间，我走路想，坐车想，吃饭想，回家躺在沙发上，眼睛盯着电视，心里却还在琢磨着这个问题，有时连梦中都在思索。回想起来，真有点不疯魔不成活的味道。

在无数次的尝试中，盘纤的方式、流程、细节已经成为我心中

老杨正在盘纤

最熟悉的东西，使得事情在一个不经意间就可能出现转机。关键时刻，女朋友帮了大忙。

那天女朋友一边梳头一边跟我闲聊，拿着梳子在头发上三下两下一梳，将头发一盘，再用头绳一绑、发夹夹好，连镜子也不用照，一头蓬松的头发就立刻服服帖帖地扎在脑后了。

这个情景顿时"击中"了我：能不能给光纤也做一把"梳子"？我到公司后立马找了一张纸板，想做一把纸梳。可盘纤用的梳子，与真梳子毕竟不同，不但要考虑大圈、小圈、"8"字圈等盘纤路径，还要做几个能固定光纤的倒扣。

就连做一把试验用的纸梳，我们都失败了无数次。失败一再重演，失败得似乎是那么自然而然、理所当然。可我坚信我会成功，不是因为所谓的第六感，而是凭借我有这么久的操作经验和反复思考。

反反复复折腾了几乎一天，总算做成了一把。拿到现场让同事一试，嘿，盘纤速度果然快了很多！而且由于梳子的尺寸是固定的，光纤也不会因为盘纤半径太小而折断。这个方法是可行的！

单板的规格有差别，我又对纸梳稍微改进，做出了一把"万能"盘纤梳子，可以适配不同的单板。就这么一"梳"一"理"，盘纤效率提升了80%以上。接着，我又带领组内人员解决了断纤的难题，产品直通率提升30%以上。大伙说，这才叫"训战结合"。

从那以后，生产炮弹的速度大大加快。后方有充足的保障，前方市场人员就更敢甩开膀子开疆拓土，新订单如雪片般飞来。

因为我们发货及时，新疆的一名市场帅哥赢得一张大单。请我们吃饭时，听了"光纤梳子"的故事后开玩笑地说，幸亏我有个女朋友，而不是一只凄凄惨惨的"单身狗"。他还专门捎了一把上等的

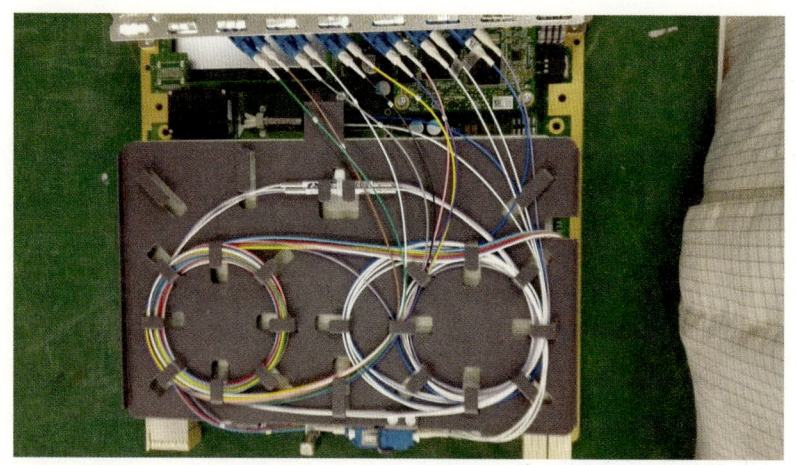

"梳"出来的盘纤架

新疆牛角梳,让我送给女朋友。

玩笑归玩笑,谁都知道,这"灵光一现"其实是建立在大量反复实操的基础上。有了无数次的"拙",才会有这一次的"巧"。

如今,女朋友早已成了我的妻子,那把牛角梳也一直在我家放着。帮我们建立功勋的光纤"梳子",经过研发人员设计优化,并固化在单板后,也有了自己的专属名——盘纤架。

第二章 肉眼雕刻"蜈蚣脚"

米粒上刻字

在我进入华为第9个年头时,一项新产品的问世,让我们终于不用再操心盘纤、断纤的问题了。

PID(Photonic Integrated Device)产品,即光电集成器件,组网更加简便快速,主要是为了满足城市间日益增长的高容量集成传输。

PID产品的集成度很高，可以将原来产品几十根需要盘纤的模块，全部集中到PID芯片中。芯片就像一条数据传输的高速公路，各个出入口都集成到高速公路上。而且，产品的关键核心技术，还是公司高薪聘请光传输高端专家带领大家一起研发出来的。自己公司的技术，由我们亲手制造出来，听着心里就痒痒。

终于看到了PID芯片的庐山真面目，芯片有四个面，三面是密且长的引脚，如蜈蚣一般，第四面引出一根高度集成的光纤。

理想情况下，是将PID芯片制作成可直接安装在单板上。可芯片的工艺异常复杂，对可靠性要求极高，还没办法满足直接安装的要求，只能由人工将引脚焊接上去。

这些密密麻麻的引脚靠人工焊接，且不能出现连锡短路或焊接不牢断开，难度就像在米粒上刻字，没有相当高的焊接功底是很难完成的。这哪里是一般产线工人在生产，简直是艺术家在雕刻艺术品。一睹新产品芳容后，给大家带来的却不是惊喜，而是惊吓，直呼没法做。

我试了一下水，第一次焊接完成后，果不其然芯片功能无法正常启动，直到第三次焊接才成功。其他兄弟也是如此。初步估算，一次成功率只有70%。

更让人绝望的是，由于新产品属于业界前沿水平，根本找不到可供参考的解决方案。好不容易盼来了"美人"，可谁都不敢继续动它了。

放大镜下给产品"做手术"

此时，给力的前方市场人员已经在英国为新产品找到了实验局客户，我们被"逼"到悬崖边。

一开始，大家用模拟用具练手，逐渐熟练后，焊接的一次性通过率达到85%。然而仅仅纯手工焊接，通过率已经达到瓶颈，离100%的通过率有太大差距。

某天一则新闻吸引了我，电视画面里，几名医生为病人做心血管手术。在显微镜下，那么纤细的血管都能手术，PID芯片的引脚为什么不能呢？我们可以做一个高倍放大镜，在焊接时，既可以清楚地看见密密麻麻的引脚，又可以随时观察焊接的质量，一举两得。

研发人员也很认可我的想法，很快就做出一台可视化的高倍放大镜。但试用时并不顺利，每焊接或者查看芯片的某一面引脚，就要不停移动单板，以便引脚能够对齐放大镜。操作中，要不就是移动的单板对不上，要不就是芯片引脚对错位，手忙脚乱，顾此失彼。

焊接"蜈蚣脚"

能不能固定 PID 芯片，只调整放大仪器来进行对准呢？我模拟滑动仪器，几经实践，确认可行。反馈给研发人员后，他们优化设计，此后再也不用移动 PID 芯片。

借助可视化高倍放大镜，我们解决了高难度焊接难题，而且一次通过率终于到达了 100%。再后来，经过一段时间的放大镜下作业，大伙对焊接越来越轻车熟路，都可以不用放大镜，直接焊接也不出问题。

第三章 勿以"错"小而为之

几千项指标正常，最后一项竟出故障

就在我们解决着一个又一个制造难题时，前方将士也在攻城略地，触角越伸越远。我们的设备雄赳赳气昂昂地跨过太平洋，连日本、韩国这些对质量要求有些"变态"的客户都来买华为的设备。

厂验，是客户买设备前的必备动作。日、韩客户对检验一环极为苛刻，有时在我们看来，他们不是来厂验，而是成心来给设备挑毛病、找问题的。

如果厂验出问题，客户会对我们产品的质量丧失信心，前线的仗可能就白打了。因此每次厂验我们都如履薄冰，设身处地把每个环节都想到，把每个细节都做好，确保已经拿下的阵地不在我们手中丢了。

2010 年是我在华为工作的第 10 年。一项新产品在日本市场取得突破，按惯例日本客户要来厂验，模拟当地实际组网进行全功能测试。待验设备有 100 多套，1 套系统需检测 40 多项指标，我们将日方提出的厂验指标打印出来，厚厚的一大摞，足有上百页。

又是一场硬仗！不过我们不怕，此时的我已是见惯风浪的老制造人，过去十年里，解决过许多问题，"制服"过许多新产品，兵来自有将挡。

我们先进行模拟测试，按照客户要求搭建厂验环境，开始一个指标一个指标地检测。出奇的顺利，前面所有的指标都过关了。大伙松了一口气，测完最后一项——温循测试后，就能圆满结束这次模拟厂验。

世间真有这么戏剧化的事，几千项指标都正常，可恰恰是最后一个指标出了问题。测试过程中，一台顺利运行了几个小时的测试仪表突然报了误码的提示。但在随后的时间里，所有测试单板都正常运行，指标显示灯也无异常。那台出现过告警的仪表，也只是像个安静的孩子，稳定输出数据，再没发出过异响。

很明显，这是一个零星的误码故障。就算再重测十遍，也不一定会出现，厂验仍旧能过关。相反，要想分析故障来源，则异常复杂，因为故障源非常多样，任何微小的变化，如一次电压的轻微波动，一根光纤上面的偶然脏污，或者光纤卡接得有那么一丁点儿不到位，都有可能引起误码。

要不要给自己找麻烦呢？

误码提示音是世间最美的声音

不给自己找麻烦，可能会给公司找麻烦，给公司找麻烦就是给客户找麻烦，前线的人打仗那么苦，我在后方难道要添乱？

无论多大工作量，一定要根除病因。对于零星误码定位，最需要的就是重现误码场景，然后分析故障来源：是设计上的容差不够，还是工艺参数设置得不十分准确，还是环境设置不完全匹配？千头万绪，却没一点头绪。

当时诊断故障的手段也不多，除了查日志，就是不断尝试重现问题。先查看了故障日志，但日志提示的信息又多又细，一下子很难看出来到底是哪里有问题。凭借经验，我认为最大的可能是设计上冗余度不够。

但这么多单板，怎么才能找到那个"坏蛋"呢？我与研发人员做了交流后，决定变更压力测试条件，调高高温、调低低温，不断激发，看看能否把故障充分地暴露出来。同时，为降低定位难度，我将整个组网分段测试，每段网络都得反复测上好几遍，才能小心翼翼地通过。

温循实验室本来发热量就很大，空间又比较封闭，在里面穿着防静电工衣，没一会儿衣服就湿透了。再加上各种设备发出高分贝的声音，时间一长，整个人都晕乎乎的。但为了让产品达到完美，我不敢有一丝怠慢，紧紧盯着仪表上的指示灯，生怕一眨眼的工夫就错过故障重现。

就这样在实验室待了一周，每天盯着仪器10小时以上。那些日子就连躺在床上，睁眼闭眼都是那些不断跳动的指示灯在闪烁，脑袋里也好像有个巨大的风扇在不停地转动，嗡嗡作响。

第8天，仪器突然"嘀"的一声，误码终于现出原形，我恍若听到世界上最美的声音。

问题重现了，立即与研发同事现场分析，发现产品的设计余量不够，经过更改产品的时序设计后，继续温循测试，零星误码问题没再出现。

接下来的正式厂验，华为产品以高性能和高质量获得了日本客户的高度评价，看到客户在厂验报告上签下名字的那一刻，我忽然觉得那些此起彼伏闪烁的指示灯似在跳舞。

结语

白驹过隙，眨眼已经在华为工作了19年。19年来，我的青春，我的梦想，我的汗水，都与华为同在！未来，我将继续与你同行！无怨！无悔！

（文字编辑：张钊、张丹）

成功就是试一试，再试一试

编者按：2018 年 3 月，华为 EMT "20 分钟"议题第一期，来自华为北京研究所的三位跨学科工程师分享了他们的故事。

一叶小舟的 AI 探险之旅

作者：陈帅

"小帅，硬件工程部新成立 AI 技术应用部，急需 AI 技术人才，你要不要去试试？" 2017 年初，主管问入职仅半年的我。那会儿我转正成绩优秀，正打算在手机测试部大显身手。

去还是不去？

年轻，有无数的方向和可能性

我想起在南加州大学念书时研究生导师不止一次对我说过，你们年轻人就像一艘探险的小船，有无数的方向和可能性，也有更大的成本试错，你们要勇敢地去尝试，去探索。对于年轻人来说，这是丰富阅历和进行必要的知识积累。我想，我这么年轻，如果失败了大不了从头再来。

我果断投了简历。

面试官很犀利:"我们这个部门相当于内部创业,需要个人有很强的能力,你是 WiFi 专业背景,还是新员工,你觉得自己处理得了吗?"

"画中有诗,诗中有画"。任何学科其实都是相通的,多年求学生涯教给我最多的不是专业知识,而是分析问题的方式和解决问题的方法。我信心满满地回答:"职级不代表能力,而且 AI 在手机业务上是一个新领域,可以向很多大牛学习,我相信自己没有问题。"

可能是因为爆棚的自信,我幸运地加入了这个初创仅六七人的团队。

棘手的任务交给了两个新人

因为 AI 基础薄弱,刚进部门我便开启了恶补和速成模式。白天,整个部门的服务器都是我的,各种学习材料、前人的总结我统统拿来学习,请教资深员工帮我分析代码结构;晚上,互联网上世界高校都是我的,我还自学了斯坦福、麻省理工等名校的 AI 算法公开课,两个月没日没夜的"疯狂"下来,总算是入门了。

为了提升手机拍摄品质,部门规划要实现图像超分辨率、语义分割等几个模块的算法功能,要求使用在 2017 年下半年发布的 Mate 10 系列上。图像超分算法落在了我和另一个同事张运超身上。

我是 AI 刚入门,运超是从标准专利调过来的博士,做 AI 经验不算丰富。国内少有公司敢于让两个新人去尝试一个全新的领域,但华为给了我们这样的机会。我心想,公司敢给,我们就敢上,有什么理由不搏一下呢。

这套算法我简单介绍一下,就是把一张低分辨率的小图,用超级分辨率的算法处理之后，变成一张高分辨率大图，实现画面清晰度提升。我们的目标是实现 2 倍数字变焦后，画质仍然清晰。传统的数码变焦拍照会有比较多的细节损失，但如果用 AI 的主流算法——深度学习，通过不停地训练模型，就像我们训练警犬一样，最后可以让它训练有素，理论上可以保证图片放大后细节的损失尽量小。

听着是不是很简单？但其实挺难的。主要有两大挑战。一个是速度，手机的算力比较低，如何在手机计算资源有限的情况下能做到变焦后实时出图呢？当时的学术界已经探索出一些方法可以提高分辨率，但是出图速度比较慢。另一个挑战是，不仅仅是变焦放大，还要融合图像的去噪、锐化等功能，做到一个 AI 模型里。换句话说，当我们拍了一个远景图，放大图片，远景的细节也是要清楚的。当时业界内的手机基本都没有达到这样的效果。

一次又一次看不到希望

我明白单打独斗是不可能的，"一杯咖啡吸收宇宙能量"，海外研究所的专家、高校学者、权威专家都成了我们的老师。公司雄厚的资源让我非常兴奋，这不就是我向往的国际化平台吗？！我发挥了自己"自来熟"的特质，积极和相关专家学者联系，虚心请教，不放过任何一个学习的机会。2017 年上半年，我们发现其他部门的同事也想进行这一方向的研究，于是我们临时成立了一个项目组，加上华为俄罗斯研究所的专家和 F 大学的老师，开始了紧张的开发。

AI 算法主要是训练控制，可能一个场景优化了，另一个场景就变差了，比如优化了图片中的文字场景，可能图中自然场景的细节就会变差，需要反复训练调整，但事先我们是不太确定它们会彼此影响的。

因为谁也没做过，进展很是不顺，有时几乎半个月停滞不前，所有人都看不到希望。慢慢地，有人陆续退出，但是我和运超大半年都在"死磕"这个项目，我们不想也不能放弃，只能继续每天花十几个小时研究如何利用深度学习提升画质。半个月下来，终于又有了进展，画质提升了一点，可刚松了一口气，想沿着这个方向向前，发现这个方向要先研究上万种模型，耗时太久，不能及时落地。刚燃起的希望又破灭了。

怎么这么费劲呢？我很崩溃，每天都在做无用功，太难受了。

成功就是试一试，再试一试

当你以为"山重水复疑无路"时，命运似乎总会在拐角处让你"柳暗花明又一村"。某一次，我们和 F 大学的老师讨论，忽然想到一个新的相机变焦数据建模方向可以大大提升画质，试验后发现可行。但是新方案的实施也没有想象中那么顺利，离产品发布还有一个多月的时候，效果还是达不到要求的细节——没有瑕疵，成图速度也不够快。我们很沮丧，穷尽了一切能想到的办法，还是搞不定。

关键时刻，华为俄罗斯研究所的专家建议我们换一个方向。为了更好地向专家请教，我们干脆将专家请到北京集中攻关。有了专家的助力，我们进展飞速，最终做出了超分辨率的算法 Demo（演示版），可以实现文字的高清晰 3 倍数字变焦，并落地 Mate 10 系列上。领先业界的高品质拍照功能，成为 Mate 10 的一大卖点。

发布会那天，我在家里看完直播，有一些小激动，忍不住弹起钢琴，"浪"了一把。也许正是小时候每天含泪练习哈农练习曲一百遍的经历，让我不知不觉间有了坚持的韧性。成功的过程很多时候并没有荡气回肠的故事，无非是多想，试一试，再试一试，坚持下去总会有收获。

2018年，我们更进一步，完善了AI端到端的融合算法，实现了原来的单帧超分网络到多帧超分网络的演进。当时手机产品线要求做到1到10倍数字变焦系统。打个比方，我在距离场景1米的地方举起手机拍了一张照片，要求退到10米处拍的照片和在1米处拍的效果一样。这其实很难做到，之前的3倍数字变焦是做一张放大的图，用单帧的超分网络，这次我们采用了多帧融合，简单来说，不单是放大一张图，实际上是将七八张图融合，合成了用户肉眼所见的一张图。

鉴于第一次的成功经验，这一次挑战虽然难度依然很大，但我已做好了打一场硬仗的心理准备。我不时跟踪业界现状，只要有新的学术论文出来，第一时间去分析和试验。我还专门做了一套多帧网络的数据集，反复做大量的实验，提升AI训练的技巧。也因为华为手机是从硬件到软件端到端的打通，让我们有更大的空间去发挥和改进。经过大半年的努力，最终，我们在P20和Mate 20系列上实现了当时业界最好的1到10倍数字变焦效果。

此身恰似弄潮儿，曾过了，千重浪。赶上AI这股大潮，我这条小船是歪打正着，更幸运如斯。这是一个不进则退的行业，我知道我并不厉害，要学习的还有很多很多；这也是一个需要不断创新的领域，需要有创新性的思考，需要人无我有的创造，我很喜欢这样的状态，我也始终相信，锲而不舍，金石可镂。

编程，人生的第二个可能

作者：徐潮飞

2016年我从清华大学理学院化学系毕业，同年加入华为，从事分布式存储软件开发工作。很多人问我,为什么一个学化学的要来从事开发编码工作,原因其实很简单,只有两个字:喜欢。

等待程序跑出结果的心情,爽!

从小到大,我一直对理科激情澎湃:小学喜欢数学,初中沉迷物理,高中主攻化学竞赛,打下的扎实基本功让我在大学中过得惬意自得——在保持全班前三的化学成绩基础上,拥有更多的自由和可能性。

编程,便是我人生的第二个可能。

初涉编程是在本科通识课上,那时我发现等待程序跑出结果的心情同观察化学实验一样,非常有意思。之后,课后时间都被我花在了学习编程上,自学课本大概有一二十本,可以自己写代码了。

我是个会沉浸在自己喜欢事物中的人,有人称之为专注,也会有朋友打趣我这是另一种"木讷"。研究生时,我迷上了德州扑克,在多次攒局邀人组队失败后,一气之下写了个程序陪自己打扑克。也是那一年,我一人组队参加了华为第一届软件精英挑战赛,只因它的赛题恰好是德州扑克。两个礼拜的时间里,每晚结束实验室工作后,我就打开 C++ 编写程序。在一步步调整程序的过程中,原本归属于打德州扑克的乐趣逐渐被算法替代,更多的是一点点攻克技术难题的成就感。

这本是一场以游戏心态参加的比赛,却意外收获了全国 32 强的成绩和对自己编程能力的肯定。我顺利拿到了华为面试绿卡,也因此改变了人生的轨迹,选择加入华为。

那时的我博士三年级,还有一年毕业,但是我等不及了,开始走上编程这条路。

学化学的为啥要来敲代码？

很多人好奇，为什么一个学化学的人要跑来敲代码？也许在大众眼中，化学还是个整日泡在实验室中的传统学科，而实际上学科的边界早已被打破。

研究生时我的研究方向是理论计算化学——化学和计算机交叉的一门新兴学科。简单来说，就是将化学中的理论公式写成程序，通过程序模拟计算出分子的性质及其在化学反应中的变化，以便对各种化学物质和反应进行解释或者预测。我们的工作更多是在推公式、写代码、模拟计算、数值分析……计算化学，让我发现了自己对编程的喜爱，而多年的化学学习，也让我做事更严谨。

刚来华为时，虽然部门非常重视，给了我很多机会，但我其实心里很忐忑，因为不知道自己写代码的能力能不能适应这份工作。一段时间之后，我逐渐发现写代码和做化学实验有很多相似的地方，两者都是要经过思考和设计，将一些特定的输入转换成特定的输出。化学就是设计化学反应方程加化学反应步骤，它有很多不确定性。很多时候在化学反应开始之前，我们会做很详细的设计，完全想好了化学反应的每一个步骤要怎么做，控制好每个变量。因为一个小小的条件变化，可能都会出现截然不同的实验结果，而一个操作上的小失误，可能会威胁生命。倘若产物差了分毫，收获的可能就不再是需要的晶体，而是一团糨糊。

7年化学实验的习惯让代码基本零缺陷

学化学的习惯和经验潜移默化地影响了我写代码的习惯或者说是开发的方式。我写代码之前，都会完整地想一下我要开发的功能模块、目标场景、用例设计，这些都想好了再写，最后把想写的代码翻译成计算机程序的语言就可以了，这样后期代码可以一次成形且缺陷得到更好的控制。

2017 年，我们要开发某产品的一个增强性能的特性，当时我是这项任务的负责人。前期我做了详细的模块设计，尽可能把设计想得细致全面，4000 行的代码设计了 230 多个自验证的用例，也第一次用了一个新的框架做了完整的业务代码路径的自动化测试，而不是之前按模块划分的单元测试。开发完成后，特性最终暴露给测试的问题非常少。因为有了这样的习惯，我入职以来做的几个特性，基本上转测以后的缺陷都很低，上网以后也是零缺陷。代码交付质量得到了团队的肯定。

2018 年 7 月，我被选入公司特战队。特战队由多个部门的优秀基层员工组成，我们主要围绕软件可信构建，深入 5G 产品端到端的各软件团队，并以无线产品为试点，归一化构建环境和工具，从而牵引软件架构持续优化，逐步解决被诟病的一系列软件工程问题。相比我之前专注于存储的业务代码，软件可信构建让我看待问题的视角更全面了。但学得越多，发现不知道的也更多，这也促使我不断学习，跟上业界知识变化的脚步。

选择成为华为的一名工程师，是兴趣使然。华为的平台很大，机会多，能做的事情也很多，我始终认为，只要努力，在工作中展现出自己的能力，公司总有能让我们实现价值的地方。而尽管脱下了伴我 7 年的化学实验服，但在我心里，化学从未离我而去。我希望这种跨专业给我带来的压力和动力，能让我在职业的道路上走得更远。

当数学邂逅代码

作者：朱金伟

生活中，数学可以说是随处可见，比如家中各种几何图案的物体，完成指定任务如何用时最少的优化组合，银行理财的利率换算……

但数学真这么简单吗？也不是，它需要严密的数学思维和逻辑推理，比如庞加莱猜想，无数的科学家为了证明它绞尽脑汁甚至倾其一生还是毫无建树，直到百年后才被证明。

那么，当可简单、可复杂的数学应用于代码、算法中，它又会产生什么奇妙的化学反应呢？

2014年，学了9年数学专业的我，带着做出一款产品惠及大众的小愿望加入了华为中软高斯实验室，从事数据库研发工作。

"数学主要有两条线，一条是从简单到复杂，一条是从复杂到简单。"我的博士生导师以前经常跟我说的一句话，让我在工作中受用至今。

用数学的思维化繁为简

2015年11月，我接手了LLVM（Low Level Virtual Machine，底层虚拟机）动态编译技术的研究。LLVM是一个编译器框架，提供与编译器相关的支持，能够进行程序语言的编译期优化、链接优化、代码生成，从而提升数据库的查询性能。通俗点来说，我要建一个系统，它可以识别你内心真实的需求，把你想做的每一个任务，按照任务的特征快速精准定制化。举个例子，买衣服，无论是在线上线下，都需要到不同的店铺进行挑选，但如果有设计师为你定制，量身打造，就帮你省去了挑选衣服款式、码数大小、颜色、图案等的烦恼。这个设计师就是 LLVM。

这套技术操作起来比较复杂，因为要把 C 语言、汇编语言和 LLVM 里面的动态编译语言这三套语言结合在一起，打个比方，要让说中文、俄语和英语的三个人坐在一起，彼此都能一下子听得懂对方说的话。

大家基本都反馈看不懂，我也一样。而且当时相关积累很少，仅有很少几个业界标杆公司投入研究，求助渠道缺乏。天不助人人自助，我这个人，用我爸的话说就是"不够聪明，但是很努力"。我想既然难题交给我了，那无论如何都要想出法子来。

多年数学学习中的建模思想给我提供了解题思路。按照计算机工程的思维，可能会先从语言转换入手，难度很大。但在我眼里，这三套语言可以抽象成三个数学模型。一般来说，数学模型会先定义基本的元素，再归纳到一起，形成集合，有了集合后定义度量及运算的规则，再形成定理、引理、命题等，最后找出最简单的解题路径。用在这套技术里，就是先把其中一套语言的语法拆解，先定义有哪些指令，给这些指令分类，再定义运算（加减乘除），进而建立数据库程序间的一一映射。就是说，映射虽然是用不同的语言去写，但对应的功能是完全一样的。之后我会建立三套语言之间的等价关系，看到其中一套语言的代码，我的大脑就会生成另外两套语言的代码，非常得心应手。

经过两年时间的努力，我们实现了数据库核心执行算子的动态编译优化，关键算子的性能获得数倍提升，成功推出国内首个拥有该能力的产品 GuassDB200，目前这一产品在国内金融、政府、教育领域等均有使用。我当年的那个小小心愿终于实现了。

用数学论证法建立数据库的安全攻防

2015 年,我还独立负责数据库安全的工作,这在当时整个项目组是一个真空地带。做安全既要解决系统被攻击问题,还要在攻击后提供有效的手段保护数据隐私安全,防止信息泄露。这个过程中,我们要遵循上千条安全规范,并针对这个规范清单逐条落地,但是这样效率太低,能不能跳出固有的框架呢?

我习惯的数学论证法起了关键的作用。比如业界已经定义好了身份访问规范、密码学等安全规范,需要按照安全规范的不同模块来实施,但实际业务场景本身的逻辑并不是这样,一个用户登录的机制可能同时包含了身份访问、口令、网络通信传输等多个模块,能否按照业务本身的规律来做安全呢?

在这样的思路下,我从安全登录、数据保护、安全审计等端到端构筑了产品系统级安全能力,版本零问题通过公司内网实验室稽核,并支撑 DWS(Data Warehouse Service,数据仓库服务)分布式数据库云化,在德国电信成功商用。

数学家华罗庚曾说过,神奇化易是坦途,易化神奇不足提。要把复杂的东西简单化。而采用数学论证法可以将原来的规范打散后重新组合归类,再进行必要性的论证、匹配和建模,为业务找到一条最简单的执行逻辑。

找到博士的兴趣点,培养天才少年

2019 年,我开始负责组建高斯数据库安全技术团队,构建公司数据库的安全技术竞争力。这个团队由来自北京、深圳、上海和海外研究所的同事组成,他们有不少是新人,有部分博士,甚至还有大家所知的天才少年。如何培养他们，帮助他们找到兴趣点，发挥最大的优势和作用，是我下半年的主要工作之一。不过，这对于曾经当过博士新员工导师的我来说，都不是事儿。

我会用"分而治之"方法，在全面了解他们能力的基础上实行差异化的管理。当然，最重要的是找到他们的兴趣点，鼓励和帮助他们在自己感兴趣的方向上努力找到突破点。

大家都说我是跨学科的工程师，但严格来讲不算，因为所有的科学归根到底都是数学。数学之美在于它化繁为简的神奇，在于它对一个工程问题的精准表达，在于它跳出固有思维的无限可能，在于它在工作生活中无处不在。

（文字编辑：肖晓峰）

博士军团专啃"硬骨头"

作者：江晓奕

如果把人的知识面比喻成白纸上画的一个圆圈，那么从小学到本科的教育可能是一个不断扩大圆圈面积的过程，博士教育则是在圆圈里对准一个点，深凿下去，培养锲而不舍、精益求精的凿子精神。

一把凿子就能凿出一条路，更别说一个集齐了几十把凿子的团队，威力可想而知——有突破口的地方向前推进，没有突破口的地方，就算是百米高岩石也要想办法凿出一个口子来。

在 5G MIMO 领域，就有这样的一支博士军团。尽管人员分布在上海、北京、成都三地，但只聚焦一个点——多天线技术，这是 5G 系统提升频谱效率、系统容量最关键的技术。

三支横跨三地的博士小分队专啃这块"硬骨头"，不但提出了多项原创技术，还推动这些技术进入 5G 国际标准，凿出了各自的天地。

上海小分队：一心只为更好的答案

"我们渴望挑战，像'狼人杀'这种极度烧脑的节目是最受欢迎的，同学们可以昏天黑地杀个几天几夜。"上海小分队队长毕晓艳，博士毕业后就加入 5G 研究团队。谈起团队的特质，她做出这样的总结：整个团队"动如脱兔，静若处子"；敢于挑战行业最高水平，一心只为更好的答案。

手下十几个人几乎都是博士，怎么当好"博导"、带好团队，毕晓艳认为，最重要是把每个人安排在合适的位置上，做最擅长的事，并关注每个人的动向，得意时泼泼冷水，失落时鼓鼓劲儿，迷茫时给点方向。工作的时候拼命干，休息的时候撒开玩。正是在这种团队氛围中，很多灵感的火花也随之迸发，比如"非均匀码本"和"三级码本"的点子，就是来自两个年轻博士思考的成果。

对于 5G 来说，天线越多，系统容量越宽，就像道路越多，车就可以在多条道路上并行跑一样。但是难度在哪儿？有些是大卡车，有些是小汽车，要让每辆车都达到最佳速度，需要很多复杂的设计。"码本"相当于导航，一辆车要开到某个目的地，需要规划最优路线，提供的信息越精确，花的时间就越短，速度就会越快。

清华大学博士金黄平，性格内敛，酷爱挑战，身上总是有一股不服输的劲儿，要求他做到 100 分，他会尽力做到 120 分。转正之后，他接手的第一个任务是撰写码本仿真代码。分析了之前的码本后，他隐隐觉得这"并不是最好的选择"。为了找到最佳方案，他把自己关在实验室里，熬了几天几夜。除了调试仿真设备、计算各种比值，想到点什么，就把导师尚鹏拉过来一起讨论，小鲜肉愣是熬出了熊猫眼。

"为啥这么拼？"

"没什么，就是想找到答案。"

毕晓艳对他的"走火入魔"并不意外："这些博士都有一股子狠劲，不出精品不罢手，就要给他们硬骨头啃！"虽然这么说，但看到他们每天总是很晚下班，她又很心疼。

经过无数次仿真和调试后，金黄平发现了一个新的思路——非均匀码本。打比方说，要保证5个车道1小时之内通过的车最多，如果只是用一套标准，告诉每辆车前方限速80公里/小时，并不能发挥最大潜力。但如果让大卡车跑在限速60公里/小时的车道，小汽车跑在限速100公里/小时的车道，把车道定义得更精确一点，整体通过效率就会高很多。非均匀码本设计思路巧妙，大幅提升了码本性能和精度，提交给3GPP（3rd Generation Partnership Project，第三代合作伙伴计划）后，很快在5G国际标准中被采用了！

对于最佳答案的追求没有止境。此时，清华大学电子系的博士王潇涵被调到了MIMO组。别看这个白净的小胖子说话不多，温和低调，但做事靠谱、特有韧劲。他和金黄平不断交流码本的设计方案，碰撞出了一些新的火花。经过不断演算，王潇涵提出了进阶版的方案——三级码本。

这个方案就是：5个车道的车开出后，后面的车自觉地跟着前面的走，不需要再告知其方向等信息，比起之前的方案更为智能，有非常不错的增益。虽然只是一个初步结果，但大家都异常振奋，互相吆喝着"火锅走起，庆祝一下"。

但在接下来的仿真分析中，团队成员却指出了一个潜在问题：这个方案确实好，对性能提升有很大帮助，但算法处理的复杂度很高，付出的代价太大了！

对于原本信心满满的王潇涵来说，这无疑是一盆兜头而下的凉水。他一言不发，呆坐在一旁。过了一会儿他走过来，平时淡然的神情不见了，红着眼跟大家说："我不服！"

有什么办法可以降低算法复杂性吗？他不断翻论文、查找资料、找牛人讨论,团队里的其他人也一起想办法,把之前的研究过程重新推演了一遍,终于找到了解决之道——针对不同频带的特征向量做相位校正。增加了这样的校正,新的码本算法的复杂度明显降低,而且维持了先前的性能增益。

有惊无险!这个码本方案在 3GPP 会场特别受欢迎,相位校正算法也成为其他公司最感兴趣的交流议题之一。

其实,码本设计的终极目标是用最小的代价实现最高的反馈精度,这条路注定没有尽头。然而,这却让这群年轻人兴奋不已,因为他们永远都可以找到更好的答案。

"每一步虽然艰辛,但是至少我们用自己的方式证明了对技术的坚持。"这是团队的共识。

北京小分队:真理在"争吵"中越辩越明

而对于北京小分队来说,让参考信号的序列发挥最大潜能,是他们很长时间以来"死磕"的问题。

"路上是不是会堵车?天有没有下雨?可以派出一支侦察兵去探路,这就是参考信号发挥的测量作用。偏离了正常的路线怎么办?这也需要参考信号的序列发挥纠偏的作用。"曲秉玉努力用打比方的方式,解释北京小分队专业的研究课题,"某种程度上,像路标一样"。

作为一名 1998 年就加入公司的博士,曲秉玉长期在参考信号领域深耕,持续不断地深入研究,时常带来令人惊喜的产出。20 多年来,他见证了越来越多的华为方案在 3G、4G、5G 的国际标准里运行着,其中关于参考信号的序列,就有大量的关键技术进入国际标准,在专利谈判中发挥重要的作用。"厚积才能薄发,我们之所以能在这个领域取得一个又一个突破,都是站在前人的肩膀上,基于历史的技术积累。"所以,作为团队里的专家,他特别希望通过"传帮带",把技术更好地传承下去。

他说,和年轻人在一起,"很吵,但也很开心"。每天走进北京华为大厦 5 楼的办公室时,他总会听到激烈的争论声。对某个结论存在不同意见,一个博士会转身在白板上写推导,其他人就盯着看、追着问。在他们眼里,技术本身是最重要的,通过技术本身的分析和验证,可以达成技术上的共识。大家平时为了技术会争吵得面红耳赤,反驳起他来也是毫不留情。所有人都认可一个原则:反对意见永远是受欢迎的。如果有道理,可以借机改善,如果没有道理,真理也会越辩越明。"我们就需要这样热烈、开放、分享、互相激发的技术氛围",曲秉玉说。

低 PAPR(Peak-to-average Power Ratio,峰均功率比)参考信号序列是北京小分队最新的一个研究任务。它能让参考信号这个"侦察兵",隔着很远的距离探测到信道的信息,但是探测的准确度却可能有损失。

鱼和熊掌可否兼得?得益于这些年的积累,曲秉玉敏锐地发现,虽然时域序列可以降低峰均功率比,但是其频域不平坦特性反而会降低性能,因此在序列设计过程中需要综合考虑其频域平坦度。

这支小分队不断讨论、设计、仿真、分析结果,再讨论、再设计,一步步修正设计,优化算法,达到性能的最优。在克服了一系列困难后,通过仿真实验找到了完美序列——既满足低 PAPR,又要保证频域平坦性,同时还满足了小区间序列的低互相性。在该方案适用场景下的性能非常好。

说到这个令人激动的突破,曲秉玉难掩喜色,"对于年轻人来说,最需要的就是信任,给他们发挥自己聪明才智的机会!"

2019年4月22日,频域平坦度这个序列设计准则最终被写入了5G国际标准相关文档。消息传来,一向严谨的博士们也吹起了"大牛":

"5G时代留下这一笔,以后可以吹牛了!"

"等娃长大的时候,可以跟他们说,你现在随时随地玩AR、看8K电影,也有你爹的功劳!"

……

作为兵家必争之地,各个公司在5G的重点课题上都进行了长期和巨大的投入,在这场艰苦卓绝的比拼中,能够以主创者的身份定义新的标准,是多少人梦寐以求的事啊!

成都小分队:初生牛犊不怕虎

成都小分队是一支以年轻博士为主的小分队,集中负责5G高频的研究、标准和原型验证。20人中,十几个都是博士,全是来自电子信息领域的顶尖高校,平均年龄30岁左右。虽然很多人毕业不久,没有多少工作经验,但有很好的理论功底、科学的思维和方法论,更重要的是具有不惧挑战、勇往直前的精神。这些特质让他们迅速转化为一支快速反应、敢于亮剑、敢打胜仗的特种作战的小分队。

高频在普通民用移动通信领域是不曾大规模使用过的,如果要在5G里商用,需要克服大量的挑战。"5G高频相当于高速隧道,路面本身已经很宽了,我们需要做的是及时地把距离最短或者用时最短的路线找出来,并且把隧道里的路面修得足够平整,让数据可以在高速隧道里自由跑起来。"成都小分队的队长、毕业于香港科技大学的博士张希笑着说:"我们就是传说中的'超级马里奥',不怕苦不怕累。"他长着一张娃娃脸,说话很幽默,谈起技术更是热情高涨,思路清晰。

张希口中的"隧道",指的是从基站到终端之间的无线通信链路。和 4G、低频的一个重要不同点是,5G 高频的这条隧道,需要同时从两端往中间挖。如果是上帝视角,这类似于两点连一线的数学题,会容易很多。但谁也不是上帝,终端不知道基站在哪儿,基站也不晓得终端在哪儿,也不确定周围的环境长什么样子,发生了或者将会发生什么样的变化。要及时找出距离最短或者用时最短的路线,就需要巧妙的设计安排以及基站和终端之间的密切配合,这本身就是一个系统工程。其次,在这个基础上,还需要打碎并运走拦路的"大石",疏导可能造成危险的"积水",把隧道内的路面修得平坦甚至光滑,保障高速隧道的稳定运行,这些都是这支小分队的研究课题。

依托成都大部队从 2012 年开始的高频研究积累,并经过反复捶打后,成都小分队提出了波束管理和相噪导频设计的技术方案。但方案要进入 5G 国际标准中,才能在 5G 产品中商用。为此,张希参加了多场 3GPP 标准会议,但始终没有大的进展。

他至今还记得,2017 年 10 月到捷克首都布拉格参会时,已经是 5G 标准第一个版本成型前的倒数第二次会了。他紧张到手心冒汗:"我知道错过这个机会窗,后面的希望就小了。"一开始面对友商的封锁,他有点无计可施,但是经过充分的准备和耐心的等待,最终还是抢到了机会。

标准之战不是一个人的战斗。标准代表在一线会场上和友商正面过招,研究团队在背后源源不断地为其输送弹药。有时候二三十家公司会提出上百种不同的方案,为了保证华为的方案能够从这么多竞争方案中脱颖而出，后方部队需要在最短的时间内，分析和评估所有提交的报告，摸清各家公司方案的优势和劣势，然后各个击破。

同时，5G高频是第一次在3GPP标准化，标准的制定与基站、终端的架构演进之间有着千丝万缕的联系，互相制约而又相辅相成。年轻博士们所具有的初生牛犊不怕虎的闯劲和打破砂锅问到底的求知欲，对促成5G高频标准化起到了重要作用。毕业于巴黎第十一大学的管鹏博士，已经不记得组织过多少个跨三个时区的技术讨论会，修正和完善技术方案，提高标准竞争力，也不记得多少次半夜被无线、海思、终端等部门的同事呼进电话会议，探讨标准约束下的实现方案和超越标准的端管方案。这一切的努力，只为了再突破一个点，一个提升华为产品竞争力的控制点！

由于5G高频的讨论分布于会议的各个议题，这支小分队需要在几个并行的议程中辗转腾挪，适应不分日夜的节奏。最终，凭借竞争力优势明显的方案，以及稳扎稳打、步步为营的战术，华为团结了一切可以团结的力量，积沙成塔，推动形成"波束管理"和"相噪导频"这两个议题上的绝对多数意见，将华为主推的多套方案嵌入5G国际标准，在硝烟四起的标准战场上又一次生存了下来。

同路人，一起改变世界

所谓"博士军团"的价值，就是从横向、纵向拉通，组建小而精的高水平团队去啃"硬骨头"，快速攻关突破，实现战略领先。

这两年来，公司一直努力营造更加宽松、自由的土壤和环境，充分发挥博士和高精尖人才的价值，吸引更多的同路人，一起改变世界，实现领先！5G MIMO 博士军团只是其中的一个缩影。每个人才都有自己的专业领域，只有被安排在合适的位置上，才能发挥最大潜能；天马行空的想法，要变成真正可落地的技术，离不开主管的信任和引导；技术攻关失败风险高，短期内很可能没有突破，需要更科学的评价机制……

"华为的平台很大，机会也很多，对任何学历的人来说都有学不完的知识。"

"无论成功与否，都希望被看到、被承认。"

"喜欢团队简单纯粹的氛围，一起并肩作战，没有攻不下的口子！"他们说，一路走来，彷徨过，心酸过，失落过，但当每一个目标实现的时候，那种激动和喜悦却是由心底发出、情不自禁的，那些熬过的夜、流过的泪、走过的弯路、遭遇的挫折，都充满了意义！

一根神奇的木杆

作者：邓松

加纳 Chum 村庄的小学外，一名老师站在一根木杆旁边，默默看着施工人员将一个基站挂上木杆，安装，调测。"通了！"听到调测工程师打通第一个电话后，这名老师赶紧掏出手机，打开了社交软件，发现头像亮了，她兴奋地叫了起来，第一时间给朋友发了一条消息。村里通了网络的消息很快传遍了整个村庄。

能打电话、上网，这看似稀松平常的事，在 2017 年之前的加纳农村，却是一种奢望。而奇妙的是，华为工程师，用一根木杆基站"RuralStar"，让梦想照进了现实，为非洲腹地偏远区域通往外面的世界架起了一座信息桥。

非洲农村怎样开出了 RuralStar 这朵小花，就让我从三年前说起……

为偏远农村，华为能做什么？

2016 年，华为中标了加纳电信运营商 M 在 9 个州的 LTE（Long Term Evolution，长期演进，俗称 4G）新建项目。在项目紧锣密鼓交付时,M客户突然提出新的需求,要提升偏远区域的网络覆盖。加纳总人口2821万,有540万人口完全无网络覆盖,这些人大多数生活在偏远农村。客户迫切需要完善覆盖面,进一步扩大用户规模,增加语音、数据、移动支付的收入,持续构建差异化的网络竞争力。

但偏远区域建站成本高、人口稀疏、ARPU(Average Revenue Per User,每用户平均收入)低,需要近十年才能收回投资,客户要求华为要降低农村建站成本。基于现有方案,华为加纳代表处尝试了近十种网络规划,做了数十版商业计划,客户始终不满意。记得某一次交流完方案,客户CTO略有失望地说:"我与华为合作近十年,共同成长,我也从工程师做到了CTO,每次合作都很愉快,难道这次你们真没有办法了?"

这年10月,华为无线网络产品线总裁邓泰华与南部非洲地区部总裁李鹏共同召开半年一次的中高层对标会。会上,地区部向产品线求助:"南部非洲还有20%的人口没有网络覆盖,我们能做点什么?"

无线团队一听,双方真是"心有灵犀"。原来不久前,无线产品线成立站点TCO(Total Cost of Operation,总运营成本)重构跨域创新工作组,定下了将无线网络做深、做广、做厚的创新方向,其中,"做广"就是要加强网络的人口覆盖、地域覆盖。根据GSMA(Global System for Mobile Communications Association,全球移动通信系统协会)和华为的分析数据,全球仍有20%的人口未被无线网络覆盖,13亿家庭没有宽带连接,40亿人没有无线数据业务,低成本、广域覆盖的市场空间巨大,特别是各个国家普遍有网络覆盖的需求。既然双方均有此意,那还等什么?两个团队立即在会上热烈商讨下一步计划。

加纳代表处代表刘康抢先发言，申请以加纳农村为试点，并详细介绍了 M 客户的农村网络诉求——代表处已做的尝试和目前面临的困难。地区部和产品线一致同意将加纳农村网络作为创新的关键突破口，并迅速启动下一阶段的工作。

在吕劲松、蒲涛两位 Fellow 的带领下，无线产品线集结了 2G/3G/4G、站点、天馈、能源、传输等多个领域的专家，基于多年对普遍覆盖的探索和技术积累，集中力量攻关，跨领域创新，短时间内就提出了多种有新意的覆盖增强方案。

通过更高的铁塔提升覆盖距离？比如提升覆盖距离 3 倍、网络覆盖面积提升 10 倍，即使站点成本上升一倍，也能将综合成本降低 5 倍。可铁塔高度要超过 100 米，站点成本增加过多，不现实。

通过系留型气球？在 500 至 800 米的高空布置绵延数十公里的气球，网络可覆盖 1 万平方公里的面积，但这种气球成本高，抗风要求高，操作复杂，安全隐患大，无法商用。

通过手机覆盖增强技术？比如给手机加一个后背壳，加强接收能力，但落地难度太大。

……

提出的方案越多，大家越迷茫，到底用哪个呢？

最后，邓泰华提出，必须去实地检验方案的可行性，"深入农村去看看，实地勘站才能知道客户到底需要什么，通过场景推导出解决方案规格，通过规格明确创新方向。"

为什么是 RuralStar？

11 月初，无线站点 SPDT（Super Product Development Team，超

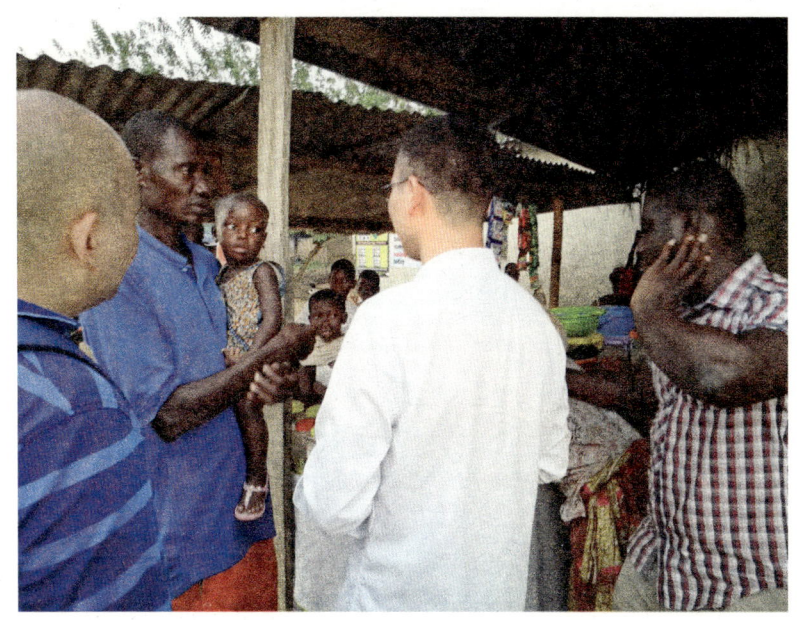

与村民零距离沟通

级产品开发团队)经理刘军带着三位研发专家赶往加纳。代表处连夜安排了三辆车,协调司机和向导。天刚亮,我们便向非洲的农村腹地进发。

汽车向村落纵深处行驶,一路尘土飞扬,越来越颠簸,车窗外的野草比七座越野车还要高,手机信号时有时无,我们知道已深入到加纳的"毛细血管"里。两天时间,我们驱车近千公里,考察了近十个站点:广播电视塔、无线基站、零星的卫星回传基站,并走家串户与村民攀谈,真正零距离感受在偏远区域部署基站的不易。

在勘站的路上,我们还偶遇了两个骑摩托车的青年,正拼命地把手机举高,四处寻找信号。他们说,为了打通一个电话,他们需要骑几公里的山路到山顶才有信号。但有意思的是,几乎家家户户

开摩托车寻找信号打电话的村民

都有一台可以接收 2G/3G 信号的手机。这让我们有了另一个深刻感受：非洲农村对通信需求真的非常强烈。把数字世界带入每个人、每个家庭、每个组织，是我们的愿景，也是我们应该为这里的村民做的！

走访调研结束后，我们回到加纳代表处，大家你一言我一语开始讨论分析，采用什么方案最合适。

农村网络建设中传输、铁塔、供电是关键。"加纳 50% 的偏远村庄完全不通电，油机发电成本过高，用太阳能方案替代就行。"大家对供电方案很快达成一致意见。

但团队对到底用什么样的传输方案产生了不一样的看法。

"当地网络传输资源非常欠缺，几乎没有微波网络，如果建微波必须视距可达，可农村树木遮挡多，不太现实。"

"村庄与村庄相距 5 公里以上，最远的村庄距离城镇近 20 公里，不适合连片建铁塔基站，如果提升铁塔覆盖距离，成本高，而且建铁塔周期也长，至少需要 1 至 2 个月才能开通，不符合客户希望快速建站的需求。"

"如果用光纤或者卫星,成本都太高,也不现实。"

微波、光纤、卫星、铁塔全不可行,那用什么?一时间大家陷入了沉默。

"用无线回传技术行不行?"不记得过了多久,终于有人开口。运营商花钱买了 LTE 频谱,带宽能够达到数十 Mbps(Megabit per second,兆比特每秒),但在农村频谱是闲置的,用来做回传足够满足偏远基站的带宽要求,而且在农村也不用建铁塔,用抱杆站就可以。

这个想法让大家耳目一新,原本有些沉默的气氛又热烈起来,但很快有人提出异议:"虽然我们已经在做无线回传产品 RRN(Relay Remote Node,远端回传节点)了,但这一技术还不成熟,传输性能无法满足基站的条件,RRN 原有的内置低频天线增益仅 2dBi(功率增益的单位),回传距离很有限啊。"

"那增大 4G 基站的发射功率,再把 RRN 的芯片换成性能更强的,可以提高传输距离。"

"可这样也到不了 20 公里以外的 4G 基站啊。"

大家一时拿不定主意,决定上报给产品线决策。最终,产品线决定,把复杂留给自己,把简单留给客户,采用无线回传方案,但必须让方案实现低成本和更远回传。

于是,基于最新的无线回传技术的新农村网络覆盖思路成形,即"三看三转三年 ROI(Return on Investment,投资回报)":"三看"指"看人口、看电力、看传输",建立覆盖、成本和收入模型;"三转"是"微波转成无线回传、铁塔转成木杆、油机转成太阳能";最终实现三年收回投资。

我们给这个方案取了一个响亮又贴切的名字——RuralStar,寓

在村里小卖部调查后,"外国人"与本地村长合影,我是拍照的

意为农网之星。我们心中都有个愿望,希望这个全新的方案如璀璨的群星点亮非洲农村,连接未连接的区域,让更多的农村人可以即时连接外面的世界。

扫除一个又一个"拦路虎"

无线回传,就是把偏远村庄的 2G/3G 语音基站的数据传回靠近城镇的 4G 基站,再转接到核心网。就像超时空运输,不受任何空间和实体限制,通过无线电波把"快递"(数据)经"仓库"(4G 基站)送到目标用户手中,当然"快递"必须双向可达。

半年多的时间,芯片、射频、站点等各领域研发专家与一线联合攻关，结合实际部署场景的特点，详细论证回传方案的各种可行性。在不影响 4G 基站的常规配置的情况下，还有什么方法可以低成本提升传输距离？最后，刘军想起十多年前给当时的中国某运营商做 450M 电信村村通网络时，用过一种农村很常见的八木天线，不仅成本低，还可以将天线增益提高十几 dBi！增益大，天线方向性更好，传输距离会更远。当八木天线外接到 RRN 上，实测发现，回传距离最远能达到 20 公里。

难题搞定了！

刚过一关，新的问题又来了，装有 RRN 产品的抱杆站选在村庄什么地方最好？

轮到网规网优的兄弟出马了。当带着当时的无线网络规划工具深入村庄时，他们发现工具主要是基于城市、郊区连片的网络规划而设计，对偏远村庄根本不管用。没有规划工具，就没法验证基站的位置是否合理。为了找到合适的建站地点，我们使用简易探针方案——八木天线+无线固话机，一人举着八木天线，并接上一个 2G 无线固话机，检查远方基站的信号强度。每当无线固话机接通时，立刻在村子里引来排队打电话的热潮。当打电话的村民拨通城里亲友的电话时，对方都难以相信自己的村里竟然

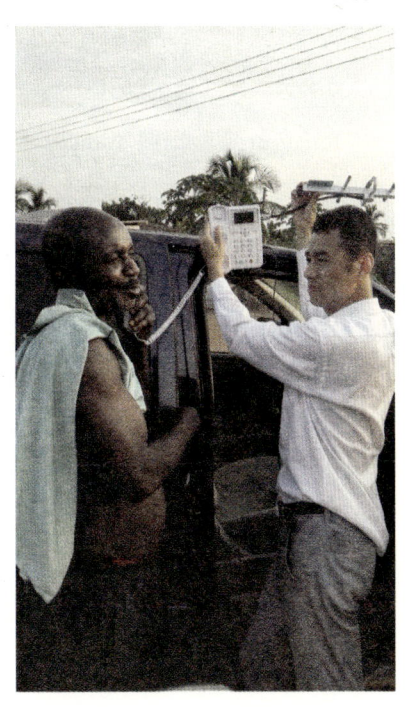

村民电话打畅快了，专家老郭手也举酸了

通了电话。

验证虽然通了,但离基站开通还很遥远。非洲很多区域没有金属杆的加工能力,安装设备用的铁杆如果由中国生产、再海运到加纳,至少需要 3 个月,满足不了客户想快速建站的诉求。冥思苦想之际,抬头向窗外望去,加纳街道上的木头电线杆让我们眼前一亮,它制作简单,还能进一步降低站点的运输、土建和人工成本,可大大缩短交付时间。但基站设备重量近 20 公斤,木杆能承受吗?专家郭耀奎和我,还有几个同事测量了木杆的高度、宽度,还有材质,将情况传回研发分析验证,得到可行的答案后,赶紧把这个想法告诉了客户。客户非常激动,经过进一步验证后,欣然同意部署。

还有电力不足的问题,我们向客户求助,客户非常支持,从自己的库房协调一套能源柜,解了燃眉之急。同时,后续实验局所需的太阳能供电设备,我们也尽早启动了国内发货运输。

RuralStar 实验局属 Turnkey 工程(交钥匙工程),新建基站需要土地租赁、电力协调、民航许可和政府许可等一系列审批,全部办下来约 6 个月,需要运营商、合作方共同协作完成。这个时候,华为加纳代表处积极与相关部门沟通。基于华为扎根当地多年、为当地网络建设带来的价值和贡献,我们获得例外许可,可先建实验局,商用前补办完手续即可。

短短三周,我们成功扫除了一个个拦路虎,万事俱备,只差开通站点了!

两天,木杆基站开通了!

一个村庄里最好的建筑是学校,我们将首个实验局基站选在距离首都阿克拉 80 公里外的一个乡村小学旁。这里是人口聚集地，如果基站建好，可以为附近两公里内的 1000 多名居民提供通信网络服务。

从施工队进村、挖坑、竖木杆、挂装设备、调测开通，仅仅两天，我们就完成开站。

当调测工程师完成调测、打通第一个电话时，村民们压抑已久的喜悦爆发了。有村民发现站在家门口手机信号是满格，"Amazing! Unbelievable!"（"太神奇了，不可思议！"）村民们迫不及待地打给远方朋友，在电话里激动得大喊："村里有移动信号了！"还有一个小插曲，开通的当天傍晚，一个华为工程师的手机欠费停机了，可村庄附近并没有营业厅可充值，没想到村长用移动支付很顺利帮他充了 50 加纳塞地。每个人都切切实实感受到 RuralStar 开通带来的便利！

客户参观第一个木头基站

站点运行两个月，设备运行稳定，话务量持续上升。客户分析商业效果，成本降低了 70%，收入不比传统站点低，竟然达到了两年以内即可收回投资，投资回报率出乎所有人的意料。随后在其他村子开通的三个实验局，投资回报也非常好。

这一次客户又露出了笑容，对华为竖起了大拇指。随后，客户马上坐下来和我们一起规划全国的农村网络覆盖，发现 90% 的未覆盖村庄都可以用 RuralStar 方案去推广。

RuralStar 点亮全球，创新从未止步

星星之火，可以燎原。华为 RuralStar 作为人无我有的创新方案，得到客户和行业组织的一致认可，现在加纳已经部署了 500 个站点，全球 50 个国家、110 多家运营商均部署了 RuralStar，覆盖了近 4000 万农村用户。RuralStar 已经从加纳走向南部非洲，又走向拉美、东南亚、中国……在肯尼亚，RuralStar 让村子里的老师可以随时获取教育信息；在泰国，RuralStar 让山谷里的孩子用手机看视频；在中国，RuralStar 让大凉山的居民可以微信聊天、上网……

2018 年 MWC（Mobile World Congress，世界移动通信大会）上，RuralStar 一举获得"新兴市场最佳移动创新奖"。评委一致认为："RuralStar 简易、安装方便、低功耗、新的电池技术和安全技术，这

2018 年 MWC 颁奖现场

些都是针对新兴市场的优秀设计。"

亲历 RuralStar 从诞生到冉冉升起的全过程，看到村民为连接到外面的世界而欢欣雀跃，带给我从未有过的自豪感。一路走来一路歌，华为人擅长将困境变成生机，我相信 RuralStar 是连接未连接的开始，创新将继续它的脚步，为最需要它的人点亮一颗颗星。

（文字编辑：肖晓峰）

改变,做最好的软件

作者:刘文杰

2018 年年底,华为网络金码奖颁奖典礼会场掌声雷动,看着台上我们团队的 3 名员工站立正中,举起象征着"码农"至高荣誉的奖杯,我在台下思绪万千。

两年前,公司 5G 微波等新产品启动开发,工作量几近翻倍,为提高开发效率和质量,我们一边顶着巨大的交付压力,一边痛下决心,用全新理念和架构重写 10 年存量的 279 万行代码,将其优化为 90 万行。

这就好比汽车一边高速行驶,一边"换轮胎",难度非常大。过程中虽充满了煎熬和不被认可,但当看到一个又一个软件精英在团队涌现,交付的代码在多个维度高于华为英国安全认证中心的要求,产品及时、安全、可信地交到客户手中,我觉得一切坚持都值了。

革自己的命,义无反顾踏上架构重构之路

我们是公司传送网软件平台开发部门,类似于做手机操作系统的部门,不过我们开发的是波分、微波等网络通信产品的软件。大

家能享受智能手机的各种功能，离不开我们开发的软件。

作为平台开发部门，我们总共支撑十余款传送产品的软件开发工作，交付压力一直比较大。时间来到 2016 年，产品线开始集中开发 5G 微波等六七个新产品，而且集中在一两年内推出来并支持测试和商用，时间紧，任务重。面对几乎翻倍的工作量，如果沿用传统的基线效率来开发，可以想象大家将一直处于疲于奔命的状态。

其实，过去我们在组织运作、工程能力等效率提升方面做了大量的努力，收效还不错，但也感觉进入了瓶颈期。原因很简单，问题的根源在我们的传统软件架构上。传统软件架构是建造软件大楼的"基座"和"框架"，已经用了十来年，随着环境的变化以及新技术、新功能特性的引入，架构难免腐化，就像一部用了很久的手机，开始变得慢、"笨重"，问题还多，再怎么修修补补都无济于事，除非做个大手术。

5G 微波产品的爆发式启动开发，更将我们的开发效率问题逼上了梁山。不破不立，2016 年年中，传送产品线的上级主管引进了一名海外研究所的专家，期望我们与他合作，在架构上做些探索，我作为团队新上岗的 LM（Line Manager，资源线主管）承接了该工作。经过与这位专家深入讨论，发现他的业务抽象建模思想完全可以解决我们跨产品、跨芯片重用的难题。

用一个不太恰当的比喻，他的架构和我们传统架构相比，类似于"活字印刷"与"雕版印刷"之别。以往我们每支持一款新的芯片都需要重建一套软件模型，但他帮助我们构建一套统一的、可灵活拼装的通用模型，可以极大提升软硬件解耦和重用能力。用上这个架构，我们可以实现"一次开发，多次使用"，而不是之前的"使用一次，开发一次"，效率大大提高。

我们成立了一个技术项目组，花了小半年时间仔细验证，最终确认抽象模型与实际业务匹配，方向是可行的。但摆在面前的挑战非常大，需要使用新的架构方法重写原来近 300 万行代码。对于一个 80 余人的团队来说，除去正常的产品需求开发，还需要额外完成架构重构，这几乎是不可能完成的任务。

"太冒险了，万一完成不了 5G 微波的交付，影响太大了。"

"使用老架构，虽然效率低、问题多，勉强也能把产品推出来。"

"老架构大家都在骂，我们能不能做个软件，未来 6 到 8 年不被人骂？"

……

经过多次研讨，大家逐渐统一了意见：研发应更关注长期，不能因为眼前的一点风险而放弃对未来的追求。但风险也不能不顾，为此，我们制定了一份详尽的计划，并且邀请了产品线 3 位软件牛人加入，再加上本部门五六位软件高手的投入，组成了一个 10 余人的小团队探路，准备杀出一条血路，革自己的命。

写最优秀的代码，不"爽"不休

架构重构就像把老房子推倒重建，代码就是高楼大厦的一砖一瓦，没有高质量的代码，任何好的架构都会演变成一个坏的架构。在重写近 300 万行代码之前，大家对什么是最优秀的代码进行了讨论。

写代码就像是艺术创作，优秀的原则很难形成统一标准，而软件总工程师申力华常常挂在嘴边的"爽"字，成为我们对代码的一致追求。"爽"是什么概念？现在回头来看，其实就是"Clean Code"，代码要简洁、易阅读、易重用、易扩展、易测试、高可靠。其次，大家一致认可函数要短小、文件要小、函数深度不能过深、文件不要网状依赖……

要写出"爽"的代码，第一个面临的就是编程语言的选择。C++ 在公司已经用了十几年，我们都清楚 C++ 的复杂，都对 C++ 代码中经常遇到的内存管理问题深恶痛绝。几个技术专家在工作之外，深入学习和实践了 C++11，深知 C++11 在编码效率和安全性上具有天然的优势，而且 C++11 已经得到业界的认可。但 C++11 在华为产品中无应用经验，无支撑工具链，有人认为最好等配套工具成熟后，再切换编程语言。在没有经验和工具支撑的情况下，谁敢去脱一层皮？但最后大家还是统一了认识，不脱皮，何来脱胎换骨！编程语言应该切换成 C++11，在使用中催熟工具。

为了让我们的架构约束得到落实，为了让代码简洁，我们部署了诸多代码门禁，不符合要求的"砖瓦"连"施工场地"都进入不了。我们参考优秀开源代码库的要求，制定严格的标准（如函数最大圈复杂度不能超过 5，函数代码、函数行数不能超过 30 行），超出门禁标准的代码不允许入库。严苛的门禁对固有的编码习惯形成巨大的冲击，所有代码都需要白盒测试（注：在知道目标功能的前提下采用的一种测试方法，与黑箱测试法不同，白箱测试法关注程序在设计盒定义方面的缺陷与错误，故要求对程序代码本身要有较详尽的了解）覆盖，因此带来了成倍的编码工作量，以至代码一度堆积到上万行无法上库。一时间，团队中"认清现实、杜绝理想主义"的呼声越来越高。

我们进行了激烈的辩论，虽然对绝大多数人来说，蜕变是一个痛苦的过程，但是大家也都认可好的代码能够带来质量和效率提升的价值。因此，我们解剖了从编码到上库的所有环节，有什么问题就解决什么问题。比如支撑工具 PC-Lint 不支持，我们就找到替代的开源工具 Clang-tidy；语言和架构难，我们通过牛人带牛人，让专家手把手教；门禁严格，我们提升门禁执行效率、本地部署门禁检查项，在同等的时间内可以多次执行门禁，在实战中逐渐改变编程习惯。

在追求极致的过程中，团队成员互相检视，时刻切磋，不留情面地驳回一切不"爽"的代码。部门一名骨干成员兴冲冲地加入到该重构项目，由于是公认的软件高手，他第一次信心满满地提交了代码，但被评审人员无情地驳回了："你这个设计不够简洁，还需要考虑异步场景的扩展性。"通过不断修改、提交，一共被驳回了 8 次。在开始的几次被驳回时，他虽然内心非常不服气，但经过讨论和深挖，发现确实可以找到更好的设计，最终将原来需要 500 行代码实现的功能现在使用 200 行即可实现。团队屡"驳"屡战，不"爽"不休，每一处代码的设计与编码只要觉得还可以更好，就持续优化，直至无可挑剔。新技术的引入，更好看的代码，高手间切磋带来的快感，让大家又找回了编程的乐趣。

一群软件专家在自己的"独立王国"中，恰同学少年，挥斥方遒。

进度与质量重压下的选择

技术问题虽得到解决，然而更大的压力来自外部。交付过程中进行软件架构优化无异于飞行途中换引擎，速度必然受到影响。架构优化的优势要两三年才能凸显出来，当下感知没有那么明显，还因为人力限制等因素，给人感觉"你飞得更慢了"，质疑声不断。

内部研发过程中因为进度的延迟，多次受到产品线的投诉。产品线不断地发出预警邮件、不断地在各级会议通报风险，产品部和我们团队都承受着巨大的压力。

2017年年底，我们迎来了最艰难的时刻。5G微波正式进入预商用阶段，距离某大T运营商客户测试仅有三个月，我们还有几万行代码没写出来。产品线判断按时完成任务的风险巨大，投诉接踵而至。按照以前的方法，面对一个有进度压力的需求，复制一个代码，稍作修改即提交是最方便快捷的，虽然这种方式可能在后期问题会比较多，但不会出现大面积延迟交付的情况。

但当时我们的架构已经发生了天翻地覆的变化，要求和标准都有了更高的基线，开发进度受限。是坚持对代码的追求，还是降低标准以满足眼前的交付进度？

团队内部一直有两种不同声音，每隔半个月，双方就"房间具体要装修到什么程度"进行讨论博弈。"保守派"认为，大堂搞豪华点就行了，其他的简单装修，这样可以快速交付，面对产品线的压力小一些；"激进派"坚持高标准，所有房间的装修必须用最好的方案、最好的材料，要做良心工程。从我的角度来说，对代码最高的要求是我们的初心，必须坚守，质量差的材料也可以完成房屋装修，但寿命不长，还时常漏水漏电、墙皮脱落，我们宁愿暂时苦一点，也要保证长期不出问题。

面对外部压力，我们也不是一个人在战斗，时任产品部部长王春钿、流程负责人杨曦给大家尽可能争取更宽松的外部环境，并争取到产品线管理层的支持，不断给大家释放压力。同时，我们预定多个会议室封闭开发，大家把手机统一放在"停机坪"上，全身心投入。那段时间大家一个星期不回家是很正常的事情，累了困了就在公司打地铺。

坚持高质量代码交付，让我们实现了以质量换进度。以前还是老架构时，写代码时间短，可能两个月就写完了，但后续问题多，解决问题也要一个半月，而且再扩展新功能很麻烦，投入大；如今虽然前期写代码要两个半月，但后续问题少，解决问题只要半个月，扩展新功能很容易、投入小。

经过一段时间的紧张开发，某大T运营商客户测试的几万行代码也按时交付了，而且质量比之前更高。

从量变到质变，奇迹发生了

就在我们没日没夜开发时，内部测试发现了某芯片存有一个致命的设计问题，可能需要改片。面临数百万美元的改片费用，产品线认为芯片早期验证存在疏漏。一纸通报批评落到了我头上，整个团队笼罩在不被信任、压力无处诉说的阴霾之中。当所有人认为只有改片这条路时，我们没有放弃。几名专家通过连续一周的论证，找到了一条可以用软件来解决芯片缺陷的方案。再经过一周的编码与验证工作，在某天的凌晨三点，验证项全部通过，大家一片欢呼，喜极而泣，不仅因为节省了数百万美元，更是因为我们通过智慧，解决了一个原以为不可能解决的问题。

这个致命问题的解决，只是我们这两年来遇到的众多问题中的一个，类似的挑战和压力无处不在。新架构、新技术与现有人员能力的不匹配带来的挫败感，产品线的不断投诉和质疑带来的无助感，有时让大家产生动摇。有一天，一个关系要好的 PL（Project Leader，项目主管）骨干向我提交了辞职信，正焦头烂额的我犹如当头一棒。

他说，我很清楚事情的价值，但实在太辛苦了，还不被认可。静下心来，我和他掏心掏肺地聊了很久，他理解当下兄弟们的难，现在正是缺人之际，答应等过了这段时间再走。

那段时间对我来说，压力非常大，绩效受到影响，连续两年拿了 B，要好的朋友都劝我换个地方，但我还是想把事情做完，虽然不被理解，也无处诉说。有个周五晚上部门组织看电影，当天刚被产品线投诉，我心情非常压抑，电影很欢快，欢笑声此起彼伏，但我完全没看进去，坐在昏暗的影院里，一个三十多岁的大男人，眼泪止不住地流下来。

中途走出影院，外面下着淅淅沥沥的小雨，我拦了辆出租车准备回家，但想到公司肯定还有同事在加班，还有很多问题需要解决，毅然让司机调头回到公司。使命还未完成，我们还须坚持。

项目进行到中后期时，部门 60% 的人员都加入到了新架构重构工作中来。随着开发活动的深入，大家的能力也逐步得到提升，从量变到质变，奇迹就此发生。大家突然发现，门禁失败次数、被 Committer（代码提交者）驳回的 MR（提交请求）个数越来越少；白盒测试覆盖率日渐提升，迭代期间缺陷密度远低于历史水平；代码直观漂亮，书写行云流水。

新架构、新代码带来的好处终于开始显现。平台代码总量实现了从 297 万行到 90 万行的"瘦身"，我们的开发效率得到极大提升，开发相似的单板要修改的代码量比以往减少一半以上，更少的人力便可支撑现有业务。至此，交付逐步赶上进度，团队也迎来了 5G 微波产品的成功，5G 微波和波分新产品高质量地通过 120 场次的客户测试。我们还意外发现，我们开发的新代码在代码重复度、函数圈复杂度等多个关键指标上优于华为英国安全认证中心的要求。

拨开云雾见月明,软件"场"已经形成

两年多来,随着一群有追求的同事敲出一行行优秀的代码,团队形成了一种软件"场"。大家已经形成一种共识,"我不愿意成为破坏软件架构和好代码的第一人"。当时跟我提离职的 PL 最终也留了下来,我们清楚地知道,所做之事,值得一生付出。

如今公司越来越重视软件工程能力提升,计划用 5 年时间,在 ICT 基础设施领域实现为客户打造可信的高质量产品的目标。今年年初,公司总裁任正非在《全面提升软件工程能力与实践,打造可信的高质量产品——致全体员工的一封信》中提到,"我们要从最基础的编码质量做起,视高质量代码为尊严和个人声誉",对此我感触良多。

高质量代码就是我们心中的信仰。迎着朝阳前进,做最好的软件,我们一直在路上。希望每个人都有勇气做正确的事,有决绝的信念坚持到底,用代码筑起心中的殿堂。

(文字编辑:刘军)

仓库里的魔法世界

作者：任天柱

"大厨，想念你做的如意丸子、宫保鸡丁啊！"前阵子聚会，在华为土耳其代表处工作过的兄弟拍着我的肩头说。是啊，在土耳其的那几年，我是仓库管理员，为了联动前后端解决仓库问题，真没少给大家掌勺。

"虽然那时咱的外派补助都花在买菜上了，但还是挺值得的！"大家会意一笑。举起酒杯，轻轻一碰，那些早已飘远的故事就仿佛发生在昨天。

26 个问题和 1 份"菜单"

2011 年，做了一年的出口审单员后，主管跟我说："年轻人多去闯闯，你去土耳其做仓库管理员吧。"我想，行吧，我大学学的是物流专业，在之前的公司也干过三年物流，熟门熟路，于是拍着胸脯说："革命一块砖，哪里需要往哪儿搬！"

12 月 8 日，我一到代表处，就被安排去 40 公里外的主仓库盘点物料。仓库经理 Mustafa 热情地带我参观：6000 多平方米的仓库里，

6层高的货架被塞得满满当当,从站点退回的设备和辅料堆积如山,开箱的、没开箱的混成一堆,甚至还有用来打扫站点的拖把、扫帚,乱糟糟的,都不知该从哪儿下手。随便挑一箱货,看唛头,都是几年前的物料。

"这么多年了,为什么货还在这里?"我有点惊讶。

"这得问项目组。"Mustafa手一摊,耸了耸肩。

项目有什么问题?货为什么这么乱?究竟是什么环节拖后腿?各种问题在我的脑子里焦灼地盘旋着,可显然,Mustafa无法解答。

从第二天开始,我和仓库供应商20多个操作人员一起,没日没夜地盘点多达300多万件物料,一天下来晕头晕脑,大脑缺氧。为了省时间,我干脆连宿舍也不回,就驻扎在仓库。乏得不行,我就去外面抓一把雪,往脸上一擦,醒醒神;晚上就在仓库办公室里,把椅子一拼权且当床。屋里凉飕飕的,只有简易的电热器,我就穿着厚衣服,再裹上大衣睡。周围没有饭店,我就点"比萨+可乐"外卖,一个月胖了30斤,以至于后来听到"比萨"这个词胃就开始不舒服。

12月底,我们盘清了所有货物,但挖出的26个问题却让我寝食难安。为什么仓库明明有很多货,却一直没人要?为什么需要的永远是还在港口、需要紧急入库,然后再紧急出库的物料?表面上是仓库爆仓、现场管理不善、作业效率低,但往前和往后看,就会发现,在客户需求、合同条款、商务策略、网规网优、勘测准确、产品配置、集成计划、资源准备、变更管理、容错规划等环节都有问题,牵一发而动全身。

我发愁了。挖出这么多问题,又有什么用,这不是我一己之力可以解决的。但看着越堆越高的存货,心里又如同虫子爬过似的难受。这都是公司白花花的银子,我干一辈子都赚不回来啊,太可惜了!

我能做点什么呢?

我思来想去,如果能弄清楚每个问题的根源,引起大家的重视,说不定还有解决的希望。于是,一个"小计划"在我心中慢慢成形。

一是学习,补足流程知识,找到 26 个问题的根源。我沿着解决问题的方向一路学习,从仓库开始,往前找系统部、产品经理、合同商务、订单、计划、技术团队的同事学,往后找项目组、分包商学,还要来了一张 LTC(Lead to Cash,线索到回款)流程全景图,弄明白每个岗位、每个角色在商业活动中的每一步在做什么。这张图如果打印出来,应该有一面墙那么大,我就在电脑上一点点放大看,琢磨出一个适合自己理解的 Excel 表格,把客户、CC3(Customer Centric 3,以客户为中心的项目制铁三角)、交付方案、技术方案、供应方案、采购方案、供应商的配合及存在的问题输进去,一个点一个点对照看哪些地方需要改进。

二是和各环节的同事对话,让大家理解全局拉通、上下游协同的必要性。这时我的厨艺派上了用场。土耳其中餐馆奇缺,大家早就吃腻了烤肉和比萨,能吃到美味的红烧鱼、葱爆羊肉、韭菜炒鸡蛋等,个个热情高涨。所以,一到周末,我就邀请同事来宿舍吃饭,茶余饭后,再一起聊这 26 个问题的症结在哪里,上下游的环节可以怎么改进。

我还做了一张特别的"菜单",按供应方案的逻辑,列出每道菜所需的原材料种类、数量等。谁想吃,谁就根据这个配比去超市买菜。通过点菜、做饭、吃饭,大家对于仓库以及供应的问题有了更多的理解。

比如,要做一道宫保鸡丁,半斤鸡胸脯肉就够了,买回来 2 斤,一定吃不完,这和下单采购主设备是一样的,必须按需下单。再比如,宫保鸡丁和木须肉都要用到辅料黄瓜,但没必要每道菜都配一根黄瓜。采购设备辅料也一样，如果从代表处维度统一拉通购买，而不是你下你的单、我下我的单，就能减少浪费、有效提升库存周转率。这些都是大家在愉快的聚餐中总结出来的。

不过知易行难，让大家从意识层面转化为实际行动，可没那么容易。很长一段时间，我奔走呼号却看不到太大进展，身心俱疲。加上远在河南老家的妻子怀孕，身体不适，我却无法照顾，心中苦闷至极。记得有一天凌晨，我站在宿舍的阳台上，吹着冷风，抽着烟。看着一串串烟圈飘荡在空中，幽幽地淡去，突然觉得很凄凉、很委屈，我在心底一遍遍问自己：我只是一个小小的仓库管理员，把仓库管好就行了，做这么多超出本职工作的事，图什么呢？

好在这样的场景在我的记忆里就这一次。可能是天性乐观吧，我会选择性遗忘痛苦的经历。我一直觉得自己智商不高，能取得小小的成绩，可能就是有那么一股"傻"劲。当时我就想，既然这事对公司、对客户有意义，既然决定了要做，就要拼尽全力，否则怎么对得起公司对我的信任、给我的工资！

我继续执行着我的"小计划"，并学会用数据说话，发布了一系列基于项目维度的报告。代表处采纳了我的建议，要求各团队采取改进措施，如在满足客户功能诉求的前提下，引导客户选择标准配置；基于准确计划做预测，加强对客户商业计划的理解；对客户的变更提前感知，并做出相应的预案，同客户一起在售前联合勘测等。在代表处从售前到售后的兄弟们的共同努力下，这26个问题逐步得到解决。

18个月后，2014年6月，可喜的变化发生了：在保障客户增长的同时，代表处存货从2012年初的4.3亿降到2.13亿，4个仓库减少为1个，仓库面积从10400平方米降低到4000平方米，什么爆仓、出不了货、出货慢等问题统统被消灭了！我说不出的高兴，更相信一粒沙、一世界，再平凡渺小的岗位，只要大家思想统一、齐心协力，就一定可以做出不平凡的事！

从管一个国家的仓库到管全球的仓库

2014年10月，我被公司破格提拔，并被任命为仓储业务部管理部副部长，管的不再是一个国家的仓库，而是全球的仓库。

从2015年底开始，在土耳其、泰国、南非建设4G网络过程中，因为业务突然上量，物流出现了很多未曾遇到的难题。有一天，土耳其代表处给总部物流部打报告，说当地三家运营商同时发力建设4.5G网络，要货又多又急，申请增加1.1万多平方米的仓库。物流规划部的主管一听就急了，派我去现场查看情况。

于是，时隔一年，我又回到了土耳其，出了机场直奔仓库。路上，Mustafa跟我梳理了当时存在的两大问题：一是需求管理混乱，各个项目都说自己的项目急，天天泡在仓库多头指挥；二是货物摆放混乱，作业动线长，拣料效率低。这是业务上量以后仓库经常会发生的问题，经过一天的现场勘查，我很快有了对策。

凌晨1点，我回到办公室，正准备汇报，代表就半开玩笑地说："天柱，你不会是只会绣花、不会做大衣吧？"

听到这话，我心里很不服气，立马撂下了"大话"："领导，现在是周三凌晨1点，晚上我也不睡了，等会儿马上去仓库。现在每天出货量是30多个站，我承诺到周五最少300个站。周五请你们去验收！"

"不过"，我也给代表处提了个条件，"跟仓库不相关人员马上撤离仓库，需求统一由 PMO（Project Management Office，项目管理办公室）来梳理优先级。"

代表笑了笑，站起来说："一言为定！"

就这样，带着复杂的心情，我回到了仓库。凌晨 3 点，五六十个操作人员还在，个个忙得焦头烂额。我让大家把手上的活停下来，围成一个圈。我和每个操作员握手、拥抱、行贴面礼，送上我带来的中国结作为礼物。

Mustafa 做翻译，我大声说："兄弟们！我又回来了！但这次我是被拽回来的，心里不好受。你们都是非常能干的，在哪里跌倒了咱再从哪里爬起来，今天晚上，我们要把局面扭转过来！我们一定可以做到！"听完我的话，大家都很激动，眼里泛着光芒，一起齐声呐喊"Hooyah！ Hooyah！ Hooyah！"，给自己鼓劲。

其实，来仓库的路上，我就想好了，解决问题的关键在于理清货物。超市售卖架给了我一些启发：横向看，货架上都是不同的产品，方便顾客选用；纵向看，相同的产品排成一列，随时可以补充；同样的道理，我们可以把每个货架的 1 至 7 层都放相同的物料，白天拣料出库，晚上逐层理货，操作人员拣料时，从这头走到那头就可以完成一个站点的拣料，大大提升效率。

所以，我决定让不堪重负的仓库"休工"15 个小时，就干一件事——理货。直到周四晚上，仓库恢复运转，自此每天的出库能力超过了 300 个站。周五，代表带着团队到仓库时，竖起了大拇指。

问题解决后，我又马不停蹄地支撑了南非以及后来泰国的 4G 站点的交付。也正是在一个个项目的历练中，我逐渐意识到物流资源规划的重要性，与其频繁"救火"，不如把规划和预警做在前头。这是我接下来两年要做的重点工作。

我和大数据斗智斗勇

2016 年 3 月,我带着 6 个人,从零开始筹建物流资源规划部。我们的第一个动作是建设物流基线体系。有了它,物流计划就不再是被动响应和拍脑袋应急了,可以通过计算得出准确数据,再应用计划的思维,避免物流资源的不足或浪费。

为了找到符合各个国家特点的物流业务基线和运作体系,我们把过去十年华为仓储 SCM(Supply Chain Management,供应链管理)系统和物流运输 HTM(Huawei Transportation Management System,华为运输管理系统)系统中记录的数据,从系统中抓取出来,进行多维度的分析和对比。

这真是让人抓狂的活!不断验证,不断推翻,每一种可能性都要用数据来推演和模拟。那时我们还不知道 Python(一种计算机程序设计语言),只能靠 Excel 一点点分析。3G 多的数据,几万张 Excel 表,电脑死机是常态。有一次,我们熬了一天一夜,算出了某个对比数值,结果在抽烟区和别人一聊,就被鄙视了:"这用 A 算法建个模型,剩下的让 CPU 去跑,半小时搞定!"我被震撼到了。这也再一次激发了我的学习欲,我开始把《Excel 技巧大全》《Python 入门及应用》《统计分析基础》等当成枕边书,和各种数据斗智斗勇。

终于,我们从人、财、物、事四个维度,为每个国家"量身定制"了物流基线,包含每个仓库作业员每小时拣料的数量、每收入 1 万美元所要付出的物流成本、每平方米仓库面积和资源所支撑的设备收入、作业质量的及时性和准确度,并利用这些基线数据,结合神经网络预测模型,建立基于商业计划、MOS(Material On Site,物料到站点）计划等数据滚动预测的物流资源规划模型。各个国家参照基线，制定物流计划，规避风险，减少浪费，一年下来节约物流成本 5740 万美元，效率提升 19%。

初尝甜头，2017 年 4 月，按照规划，我开始筹建数据科学团队，成功吸引 3 名博士和 10 名数据分析师加盟，通过大数据来解决全球物流业务的问题。作为主管，我给自己的定位是，可以不懂具体的技术实现，但要知道技术原理和应用场景，成为数据科学家和业务之间的桥梁和纽带。

一年时间，我和团队一起努力做出了 33 个模型和工具。大家也许听过，20 世纪 90 年代，超市管理人员在分析销售数据时，发现啤酒、尿布两件看上去毫无关系的商品，会经常出现在同一个购物篮，于是将它们集中摆放、促进销量。这后来被总结为"购物篮"算法。我们在优化中心仓的物料摆放时，根据这个算法来分析仓库里每种物料的关联性，比如 A 物料和 B 物料总是一起发货，就可以把这两种物料集中摆放，甚至可以一开始就打包在一个箱子里。除此，我们还结合各个国家物流的场景，做出物流运输路线自动优化模型，开发出自动税则归类工具……很多工具都成为智慧物流解决方案的一部分，在全球持续发挥着作用。

菲律宾的"40 天"梦

纸上得来终觉浅，在机关"读"了 3 年书，我又有点心痒痒，想上战场了。2018 年 4 月，我向领导请缨外派，开始负责菲律宾供应链业务。

菲律宾是一个千岛之国，共有大小岛屿 7107 个。岛与岛之间，

在菲律宾,岛和岛之间最常用"八爪船"来运输设备

多使用简陋的"八爪船"运输，船只有一米多宽，稍微有点风浪就会有风险。而且由于物流市场供不应求，不提前规划，资源很难保障。

这个国家还被誉为"通信市场的博物馆"，2G、3G、4G、5G的项目都有，业务最全，供应场景复杂、难度很高。

初到菲律宾，代表给我们布置了一个任务——从供应中心发货到站点安装完成，只用40天，希望以此牵引代表处朝最优方向前进。

这意味着每一个站点，经国际运输、清关、入库、出库、内陆运输、站点安装，到最后站点调测开通7个环节，总共不能超过40天。当时我们只能做到110天左右，而且业务量还在以40%以上的速度飞速增长。

压力大啊！但专业团队的第一反应不是研究决策的可行性，而是如何把决策变得可行。这可能是华为人骨子都有的基因吧，一件事没做好，无论怎样都必须做完；一件事不管多难，只要目标定下来，那就没有后退的路，只有勇往直前。

我想到了"543部队"不断缩短导弹发射时间，从8分钟到6秒，最终打下敌机的故事。是的，成功没什么捷径，就是"挤"每个环节的水分。所以，我们结合代表处销售和交付作战转型的战略，朝着各环节可能压缩的"点"发力，提出了13个关键改进措施。这些措施不限于供应链环节，而是通盘考虑，通过加快实物流，优化信息流，拉通各个环节，提升公司经营能力，为客户创造价值。

比如简化订单模式，以前客户订单中条目众多，涉及客户与华为之间的复杂对应关系，需要不断转换和翻译，管理过程能耗高；如今对齐站点、按客户编码走到底，就能有效简化订单条目，节省高昂的成本，给客户带来实惠。再比如，优化包装方式，按照安装场景打包物料。原来每种物料都有单独包装，安装时要不停拆箱，费时费力,还容易出错,现在优化在一个大箱子里,节省了仓库作业时间,减少出错概率。还有,通过提前勘测、建立站点数据库、增加配置准确性,根据站点准备情况做好 MOS 计划,改囤货模式为对准站点按需发货,改善清关周期、三层计划、提前准备运输资源等。有了共同的目标,各个环节的兄弟们对方案的理解和支持都是空前的。

2018 年底,在代表处所有人的共同努力下,优化期间我们所统计的 6934 个站,有 40% 的站点都达到 40 天的目标,全流程 ITO(Inventory Turnover Days,存货周转率)优化至 60 天,达到了历史最佳水平;仓储作业平均耗时从 4.6 分钟 / 行减少到 1.6 分钟 / 行,效率提升 65%,实现了规模增长、效率大幅提升、成本不断下降的目标。现在的我们,在这个目标的牵引下,还在不断前进、追求极致。

一路走来,我始终认为自己是一粒平凡的沙子,无论是过去管一个仓库,还是现在负责一个国家的供应链业务,都不过是把自己手头的工作做好,对得起岗位赋予我的使命。但我也相信,只要心中有梦,并为之付出辛劳和汗水,融入华为这个集体,一粒沙也会有不一样的世界。

(文字编辑:江晓奕)

战斗在 0 与 1 的世界

作者：白嗣健

大二时，在别人还痴迷于打魔兽的时候，我凭一腔好奇与热情做出了人生中的第一款赛车游戏。与代码结缘，让我看到了 0 与 1 世界所隐藏的神秘力量。曾经，我以为软件工程就是写出好代码，后来才慢慢意识到：好代码仅仅是软件工程中的一环，还有很多细节中的魔鬼。

代码结缘，痴迷做游戏

我与代码结缘要从游戏说起。大学时代，大多数男孩都有一颗爱打游戏的心。当看着室友们飞速地敲打着键盘和鼠标、显示器上呈现出各种炫酷的画面时，那一刻，我真的非常好奇：软件真是个神奇的好东西！

往后三个月，我一直都致力于编出一款赛车小游戏，那时才第一次发现：软件真的有非常强大的创造性。那一个个字母组合在一起成为映入眼帘的左/右拐、加速/刹车，仿佛是在盖一座房子，从设计到施工，一砖一瓦地构造自己的想象。后来，我开始关注

2D/3D 游戏，开启了"各种搜"模式：游戏类库、引擎代码、各种社区/论坛中"摸爬滚打"，学习并开始 PK。做游戏，让我对软件的热爱不断升级。在大学毕业论文答辩时，因为编程，我的成绩成功晋级全校前十，那种喜悦和激动难以言表。

来华为前，我在一家全球性的软件设计与咨询企业工作，这里工程师文化浓厚，追求极限编程、敏捷理念、开源思维、Tough 精神[1]、极客追求、Idea 变现……使我对软件的认识更加深入，能力不断提升，而这些后来一直贯穿在我的职场生涯中。工作 9 年后，2016 年底，我来到华为西安研究所。

框架重构？你敢，我们就敢！

软件开发人员都知道重构的意义，当一个系统修改代码成本太高的时候，就不得不面临重构。

初到华为，我感受到一种明显不同的氛围。在华为，更加注重按照既定的计划完成交付、使命必达，遵循计划大于响应变化，"如何将代码写到极致"的问题似乎碰撞不多。

对于一个代码发烧友，我的技术洁癖的劲头又上来了。我发现所在项目的软件架构版本、语言版本都很老，由于没有测试框架保护，新功能经常会引入问题，重构更是无从下手；即使修改一行代码也需要全量编译，每次编译时间高达 5 分钟；无法本地调试，由于环境代码是编译过的，所以也无法远程调试，调试环境是公用的，使用需要排队，有时为了验证特性需要等很久。那时，我就在想："如

---

[1] Tough 精神：严格，对自己和别人的代码严格要求。

果能解决这些问题,那代码开发调试和自验证的效率都会大幅提升,也会节省很多开发环境。"

为了让项目组更加信任自己的想法,我决定先完成新的代码框架开发。每天下班后都会投入其中,两个月后,我终于有了向大家"Show Case"(效果演示)的勇气和实力。这个大胆的尝试得到了整个项目组的认可。在一个月后的新项目中,它迎来了真正的战场。

那天项目主管找到我:"嗣健,这次新项目,你敢不敢用新的框架彻底替换老的 React 框架[1]?"——这个问题,令人惊喜,同时又极具挑战!

我问同组的兄弟们:"敢不敢?"

"你敢,我们就敢!"——这种信任,令人惊喜,同时又力量倍增!

于是,说干就干!当然,成功的路哪能一帆风顺。就在完成替换的第一个月里,各种安全问题、历史埋藏的大坑小坑一个个都蹦了出来。在那一个月里,在压力中我们憋着一股劲儿,尽管有一些质疑声,但我们依然坚信:问题必然会收敛!令我们意外的是,这个收敛竟来得如此之快——在完成替换的第二个月,整个系统逐渐趋于稳定。

在后续的日子里,项目组的兄弟姐妹们在自己的桌面云上就可以开发调试,从曾经的"先前端再后端"到现在的"前后端并行开发",从曾经的"测试一个场景重出一个版本"到现在的"只需替换一个组件就是一个场景",这也为本地模拟更复杂的测试场景带来

---

[1] React 框架:React 是一个用于构建用户界面的 JAVASCRIPT 库,其出发点为用于开发数据不断变化的大型应用程序。

了可能。代码重构中，对数据库差异层和通用逻辑层进行分层解耦，精简多数据库场景下生成动态 SQL（Structured Query Language，结构化查询语言）的业务代码，重构后的代码量从 96K 下降到 37K，大大降低了代码缺陷率及维护成本。

也许，一个勇敢的小改变，真的可以带来明显的质量提升及效率提升。

布下"代码检视"阵，战场较量出高手

某天，团队的一次代码检视会议上。

"小张，你提交的上帝类（被多个特性所引用的类）代码不符合公司的编码规范，竟然有 1000 行！这必须得重构呀。"团队主管说。

小张辩解道："这个类是老代码，又不是我写的；况且之前也没有评估这个工作量，我估计这个迭代版本重构来不及。"

"小张，对于修改的类要有责任人；如果时间不允许的话，我们有专门的重构管道，这个迭代做不完可以排到下个迭代来完成，先给你提个问题单，跟踪起来。好，这个类有哪些 Bad Smell，大家一起来说说。"团队主管启发大家。

过大的方法、基本类型偏执、发散式修改、无效的注释……大家你一言，我一语。

在一个个"铁证"面前，小张无言以对，说："回去我一定好好学习一下重构，以后再反驳你们。"

在实践中，我们总结出了提升检视效率的三个步骤：第一，Show Case，你做了什么；第二，讲理念，怎么设计；第三，看小步提交代码，从逻辑、风格、规范等方面全方位去找问题。

三步法逐渐得到固化,我们的检视从原先的一个小时缩减到了半个小时。在接下来的检视中,你会发现那些平日里沉默腼腆的同事在这里成了主角。

某天,我的徒弟小顾组织代码检视会议。

"小顾,这次的功能写得很简洁哈,再也不像你刚入职时的Ctrl+C(拷贝)、Ctrl+V(粘贴)啦!"

小顾不好意思地说:"客户提出,某些功能上华为的代码量太庞大了。作为研发人员,功能实现是一方面,代码本身的质量也非常重要,多想一步,代码其实可以写得更好。"

"小顾,你的代码测试用例还是自动生成的吗?可不要只为覆盖率啊……哈哈哈……"大家笑了起来。

"当然不是自动生成的,那可都是我一行一行码出来的。我们先来检视测试用例,之前项目组的防护理念测试专项赋能中,我可是每场都记满了笔记啊。来,大家一起来看看……"小顾说。

为了快速达成代码的高覆盖率测试,人们却往往不自觉地加速了测试代码的腐化。我们也被测试覆盖率困扰了很久,一直在覆盖率与高质量测试之间纠结……

这让我想起半年前和主管李哥的一番对话。

那天李哥问我:"我们的测试覆盖率那么高,为什么问题单数降不下来?"

"我们的测试用例大部分是自动生成的,没有真正从业务逻辑出发,所以这些测试都是无效测试。要想改变现状,就必须让大家写出真正有效的测试,一方面需要给大家赋能、如何写出高质量测试,另一方面我们要摒弃任务式追求覆盖率的习惯。"我答。

李哥认可了我的观点。那天,我们聊了很久,具体讨论几个项目团队的现状、分阶段实施的操作细节,以及由此带来的成本投入及风险应对。一周后,各个团队就开始行动起来,踏踏实实地落实有效测试。

这些是我们代码检视过程中经常发生的情形。在团队中代码是集体所有制,当你在修改其他人代码的时候,那你就成了它的新主人,慢慢地就形成了代码主人翁意识。我们约定:代码检视会上没有领导、没有权威,大家摆开阵势后,有的就是畅所欲言、激烈PK,工程师文化也逐渐浓郁起来。

三大"武器",写出高质量代码

在激烈的检视对阵辩论时,我们还会采用好用、适用而且强有力的"武器",那就是:"编码规范""集体检视""代码坏味道"。

"编码规范",就如同开车上路时要遵守交通法规,红灯停、绿灯行,违规就要被严罚。在公司级编码规范基础上,我们部门也推出了自己的编码指南,这就好比在到达目的地的路上提供了导航,能够避免司机少走弯路。

而"集体检视"就如同全员都是交通警察。再好的规范都需要有人监督执行,它能互相监督、信息共享,当司机出现违反交通法规的行为时,他能够第一时间被其他司机提醒,及时改正错误驾驶动作。发现、提醒问题最多的那个人很快就成为团队的法规领袖。

"代码坏味道",顾名思义,比如说当食物快要腐败时,往往会散发出一些难闻的味道,通过辨别,我们可以针对不同的坏味道做出相应的措施。代码的道理也一样,如果一段代码不稳定或者有一些潜在问题,那么代码往往会包含一些明显的痕迹。我们会通过识别代码中的坏味道来精确实施重构，从而避免代码的持续腐化。

通过采用业界优秀实践方法和实战磨砺，大家逐渐明白了什么是高质量的代码，什么是需要坚持的，什么是需要摒弃的。在这个过程中，大家的能力潜移默化地得到了提升，每个人的知识库也不断丰满，就像小顾，现在他既是 Web 前端的一把好手，同时也是大家公认的 DBA（Database Administrator，数据库管理员）专家。

也许你不难发现，大多数的软件开发工程师都像金庸小说里的高手，低调、话不多却身怀绝技，他们的战场在自己手里的 0 与 1 世界中，在"你的问题不闭环就休想提交"的"执拗"中。在我看来，写好代码就是在争论与吵架中，让每个人的思维得到碰撞，让问题得到最完满的解决，它不需要东方美女式的一致标准，只需制定出真正适合团队的一套运作共识。

变革不是斯诺克，岂能单打独斗？

可信，它不是一蹴而就的事，更不是一个人就可以扭转乾坤的斯诺克。就像一波浪潮，它需要万千水分子共同发力。各类可信工作开始运作后，组织的支持就变得格外重要了。

为了让可信有效落地，部门预留了 10%~20% 的可用于重构的工作量。作为架构师，我双周会组织一次例会，大家将近期问题抛出来，识别出其中的共性问题；同时，软件总工程师也会例行获取团队的问题，当然也包含一些好的创意点子。这些问题或点子经过评审后，大部分任务会在部门季度审视中落入管道，而小部分任务也会转入"极客连"进行闭环。我们会将工作量进行分解，这样一个任务通常一周投入 3 个人就可以实现，而参与者则可能获得"极客装备"的奖励，在后续的评优考核中优先考虑。而为了进一步有效减少共性问题，我们还建立了部门 CBB（公共组件），通过开源运作，带领我们模块架构师组的成员孵化出 5 个 CBB，目前均已经投入使用并取得了不错的效果。

经过持续的实践积累与反复迭代，我们的交付结果及人员能力都得到了较明显提升，支撑多个下游产品达成商用挑战目标，并获得了公共开发部的金质奖。我们把在可信落地的一些实际做法进行了总结，由我贡献思想、部门 HR 刘姐协助结构化，《可信落地的具体实践探索》一书正式出炉，其中的方法和案例很快在多个团队展开推广与学习，帮助更多的团队提升可信落地效果，也受邀在深圳、西安等多个部门进行过分享。

写在最后的一点分享

有小伙伴问我："如何提升自己的软件技能？"

我想说的是，要想发挥编码人员的最大潜能，个人努力最重要，但还需要成长的土壤：

第一，信任是对一个人最大的激励，一句"相信你！"胜过许多华而不实的赞许，而它也是一个组织的基础，与其防着他做，不如放手让他做。不要惧怕未知的风险，不要担心挑战的艰巨，坚持不懈、聚沙成塔。

第二，每个人都是平等的，每个人都可以充分发表自己的观点，不要在团队中刻意树立技术权威，过于相信权威对团队、对个人来说都会是有弊无利的。

不知你是否听过"飞轮效应"——为了使静止的飞轮转动起来，

一开始我们必须使很大的力气，一圈一圈反复地推，每转一圈都很费力，但是每一圈的努力都不会白费，飞轮会转动得越来越快。当达到一个很高的速度后，飞轮所具有的动量和动能就会很大。

人总是习惯于惯性而不是主动改变，可信变革正处于飞轮效应的启动阶段，我们会遇到很多的困难，需要我们聚集合力，用很大的力量才能让它飞速运转起来。努力是会被看到的，付出是会被感受到的。放手去干，我们终将看到不一样的改变。

（文字编辑：左飞）

"蚊子龙卷风"

作者：徐海明

华为马拉维"二宝"

2007年公司培训期间，我收到公司驻津巴布韦办事处韩新利的邮件，通知我外派到马拉维共和国，可在网上查询半天，也不知道这个国家在哪儿。离开深圳前只好告诉爸妈，我即将外派非洲津巴布韦，后来，我爸妈竟然一直以为马拉维是津巴布韦的一个省。

当时，我和王耀峰应该是马拉维为数不多的中方常驻员工。抵达后的前两天，由于新租的宿舍没有任何家具，也没有床，我们只能把蚊帐铺好睡在地上。厨师老张怕我们着凉，给我们铺上了冰箱、电视的纸壳外包装。睡了两三天后，浑身长满红点并且特别痒，后来发现，是因为那个纸壳之前给狗睡过，有虱子，因此厨师老张至今还对我们满怀歉意。

马拉维因马拉维湖而得名，这是非洲第三大淡水湖，同时也是最深的湖，最深处有705米，面积29600平方公里。一望无际的马拉维湖，也是世界上最大的蚊子繁殖基地之一。雨季时节，有时傍晚你会看到湖面上的"龙卷风"，黑压压直冲云霄，其实那不是龙卷风，而是上亿只蚊子从水里飞出来形成的。初期由于我们对疟疾重视不

蚊子龙卷风

够,经常有同事遭遇疟疾。无线产品主管张岩,在做 TNM(Telekom Networks Malawi,马拉维电话网络公司)无线二期项目时,一个月得了四次疟疾,每周得一次。后来我们加固了纱窗、蚊帐,实行双周例行消毒灭蚊,再加上员工自我防蚊意识提高,疟疾已经很少有机会侵犯我们了。

但马拉维办公室的任何传奇,都无法跟"毛毛"的传奇相提并论。"毛毛",是厨师老张 2006 年从路边用三美元购买的当地土狗,当时还只是个小狗崽。到了我们的驻地以后,它开始书写自己的传奇。"毛毛"打趴了办公室方圆五公里以内的公狗,并持续征服了周边的各种母狗。"毛毛"可以分辨车辆的发动机声,公司车辆回来它若无其

传奇的"毛毛"

事,但如果是外来车辆第一次来访,"毛毛"一直会站在来访的车门边,直到公司同事过来迎接,到访供应商或客户才敢下车,客户第二次来访时,"毛毛"才会若无其事。2010年11月某日凌晨,我们办公室(与宿舍为一体)院子中六条狗全部吞食了劫匪投入的毒肉,抢匪爬进院子之后,中毒的"毛毛"英勇善战,在警察赶来前赶跑了抢匪,确保了我们的安全。"毛毛"至今还在马拉维办公室坚守岗位,完全超越了老张当年对这只小狗崽的期望。

突破TNM核心网和无线业务之后,我们在当地站稳了脚跟。从2007年开始的五个人,到现在五十人,每年稳定贡献几千万美元设备销售收入。在我离开马拉维之前,很多客户告诉我,华为很让他们感动。一方面,因为我们有别于其他设备商,在当地长期扎根,构筑了本地化服务能力,客户随时可以获得华为的服务;另一方面,华为长期坚持帮助客户商业运作,比如马拉维经常停电,出了故障之后,我们就协助客户恢复网络业务,哪怕不是我们公司的设备,我们也会提供帮助,最后,客户感受到我们的真诚和对客户的友善。马拉维业务分布在两个重点城市利隆圭(Lilongwe)和布兰太尔

（Blantyre），有一年，为了及时响应客户需求，我和司机每周三次来回六百多公里，一年下来跑了十万公里。

改变人生轨迹的"军令状"

2008年年中，我被抽调支持赞比亚MTN（MTN Group Limited，是一家南非跨国移动电信公司）300站点全Turnkey项目，任项目合同经理，负责合同履行和变更。这个项目是地区部第一次交付大规模Turnkey项目，而且客户要求我们十二个月就要完成交付，包括挖地、打地基、建塔、安装设备和开通业务。由于没有经验，当地也没有充足的交付资源，项目进度让人焦虑。当时由交付副代表李月明牵头，每天晚饭后，我们开会讨论项目进展和解决方案。我们的每日例会足足开了一百八十多天，非常痛苦。我觉得真正在公司干活和理解项目，就是从这个项目开始的。2008年5月，我和做站点设计的赵东一起写邮件，跟代表处领导立下"军令状"：承诺60天内交付13个站点，如果不成功，我们就卷铺盖回家。领导同意让我们负责赞比亚卡布韦（Kabwe）区域，于是我们"自封"区域项目经理，司机开着一辆破车，带我们启程去卡布韦。记得那个时候，每天车上除了电脑就是水和饼干，电脑是办公的，水和饼干是用来激励分包商的，有时我们也用来充饥。卡布韦站点交付区域偏僻、没有电，站点混凝土浇筑期间，通常用发电机提供照明。很多时候，"历史悠久"的发电机罢工，而混凝土浇筑一旦启动就不能停止，于是，我们就把所有车打着火，用车灯提供工程现场照明。为了赶工期，我们连夜赶进度，连续做了三个通宵，一边提供水、饼干，一边鼓励他们，坚持完成60天内交付13个站点的"军令状"。

卡布韦是前往赞比亚北部和西部的途经之地，当年我和赵东的旅馆房间，也成为其他区域兄弟的驿站，有些脸皮厚的兄弟，晚上就跟我们挤一个房间，条件就是留下两包方便面。在跟其他区域兄弟交流期间，我们发现，项目频繁变更并且没有收取任何费用。回到赞比亚首都，我和赵东根据实地站点交付的经验，收集典型变更场景，把300个站点的变更证据收集汇总，在经历跟客户CTO几十次谈判之后，最终完成391万美元的变更，这也是我为公司签下的第一单PO（Purchase Order，采购订单）。

2009年年初，代表处安排我负责马拉维交付业务，当时我每天都是"压力山大"：每天利用各种机会学习公司产品技术知识，向工程师学习时隙、频谱信令、网络结构等知识，弥补自己通信技术知识的不足；在每次产品割接和维护事故期间，协调客户沟通的同时管理内部维护运作，久而久之，与客户CTO等建立了良好的信任和沟通；后来，和团队商讨并出台了工程管理和产品技术作业细则，通过业务流程化，提高团队运作效率以保障客户满意。由于我与客户CTO等接触和沟通效果不错，随后代表处安排我转岗成为客户经理，再后来，我陆续做了办事处主任、企业业务部部长、代表处代表、人力资源部部长。

这就是改变我人生轨迹的"军令状"。

感谢所有帮助我、包容我、支持我的战友们。

（文字编辑：陈丹华）

和光速赛跑

作者：Jeffrey Gao

"你们做的这个设备比第一名Lucent（朗讯）的如何？"

1998年的某个夜晚，我们像往常一样在忙碌，任总突然出现在实验室，问了大家一句。一晃眼十八年过去了，我们也有了答案。

毛头小伙挑战世界难题

1997年对中国来说是个好年份，这一年香港回归，举国欢庆。对我来说，也是一个幸运年，在与香港隔海相望的深圳，我加入华为，开始了我的职业生涯。

那时，我在传送部门，负责2.5G SDH（Synchronous Digital Hierarchy，同步数字体系）产品的开发。过程中遇到不少的困难，有次一个阻碍性的难题怎么也绕不过去，不得不打越洋电话向国外厂商求助，要求他们提供更详细的设计资料。大家英语口语都不好，就让我打这个电话。我只能硬着头皮上，翻来覆去思考应该先说什么，后说什么，准备了半天，终于鼓起勇气拨通对方的电话，听到对方一声"Hello"，我一紧张，把准备好的话全忘了，急得满头大汗，结结巴巴来了一句"Please give us a demo board."（"请给我们一个仿真

当时开发所在地——蓝天白云下的新时代大厦

当时的开发团队——团队平均年龄不到三十岁

板")。挂断电话,大家七嘴八舌地埋怨我没讲清楚问题。没想到过了一天,对方真把仿真电路图传真过来了,我们也借此解决了难题,那一刻真是觉得特别开心。

新产品开发出来一年后,我被派去重庆的一个小镇调试设备。有一天,突然接到秘书打来的电话,让我赶紧回去,参加莫斯科通信展览。我就这样在春寒料峭中去了莫斯科。

莫斯科通信展上外国品牌厂家林立,华为是唯一的中国厂家。后来我们在伯良斯克卖出了一个局点,海外市场有了一个良好的开端。

紧接着,我们开始着手开发高集成度的10G带宽产品。这类产品在当时算世界难题,只有一流的公司才能做到。基于2.5G的成功开发经验,我被任命为产品经理,带领一群毛头小伙挑战这个世界难题。

现在回想起来,我们真是初生牛犊不怕虎。那时我们开发这类设备没有经验积累,业界也没有成熟资料可供参考。整个开发过程完全是摸着石头过河,需要不断地探索研发方向,设计不同的方案进行验证。

大家经常为一个设计方案吵得面红耳赤,声音很大,旁边实验室的同事还以为我们吵架了,还跑过来劝架。有时候我们吵得天翻地覆还是难以达成一致,我就只好当一把"独裁者"来解决纷争。

吵归吵,吵完了大家还是一个战壕里的好兄弟。走出实验室,我们会去公司旁边的小餐馆炒个米粉,点些烤串,聊天说笑。我们毫无保留地争论,坦率地交流着彼此最真实的想法,将各种思路及各种可能的风险都充分暴露出来,减少了我们犯大错的概率。

在产品推向市场前,我们邀请国内的专家来公司生产基地进行测试。测试期间,大家都没回家,晚上直接在坂田生产基地睡了两周地铺。测试的最后一项是在零下10℃到零上55℃的环境中进行七十二小时连续运行观测。七十二小时后，看着红红绿绿的指示灯在稳定运行，我们就知道测试彻底通过了。至今还记得，2002年5月12日早上5点，我走出厂房，发现坂田基地竟是如此美丽，朝霞照在鲜红的华为Logo上，是那样的耀眼、醒目！

后来中国电信总工程师韦乐平来参观的时候，认真看了我们的产品，说："真想不到这个世界级的产品居然是一群不到三十岁的小伙子开发的。"

任何时候都构建核心竞争力

单产品的成功无法支撑传送网的长远发展，我们决心在自研芯片、技术创新、融合外部资源等方面构建自己的核心竞争力。

外购芯片价格昂贵，成本压力巨大，不利于我们在性价比上的竞争。从第一代传送产品开始，我们就走上了核心芯片自研之路。在人力非常紧张的情况下，依然抽调出最核心骨干员工投入开发。

当时，何庭波负责开发芯片，而我负责开发产品。由于产品和芯片都用到同一套仪表，经常出现我和她争夺设备的情况。为显示绅士风度，我每次都会让着她，但这不是长久之计，于是我们有一个"君子协定"：白天她调试，晚上我调试……

功夫不负有心人，第一代核心芯片成功交付，而后一系列芯片成功推出，累计销售超过千万片，使传送网"同步数字传输"产品在成本和竞争力方面持续领先。

ASON（Automatically Switched Optical Network，自动交换光网络）软件算法是我们引以为傲的核心技术。在很多国家，比如巴西、印度等，因为地理因素，通信光纤经常断，造成电话、上网不通，于是我们开发出了 ASON 技术。它相当于一个智能导航仪。如果把打电话、上网等比作汽车，通信光纤就是公路，公路发生异常中断后，ASON 能够立即实时修改路径，找到另外的路线，帮助我们到达目的地。ASON 应用于印度电信网络后，客户的首席技术官非常满意，说："自从用了 ASON，再也没有出现因为光纤中断而导致通信中断的事故了。"

华为还在业界率先提出并实现了子网级端到端管理的技术，"所见即所得"的操作界面，"自动寻路"的智能化设计，让通信网络的维护变得异常简洁，软件和硬件相结合让我们的综合竞争力大大提升。

随着各个国家宽带战略的推进，迫切需要建设高效灵活的超宽带光传送网络。我们看准机会在超宽带领域发力，OTN（Optical Transport Network，大容量智能化光传送网）交换设备应运而生。

在通信领域，生产一种设备必须要考虑和其他友商的互联互通，所以大家要遵循一套标准。华为是第一个生产这种设备的厂商，所以首先需要推进技术标准的完善。

当时的华为，完全是个新面孔，在标准制定的委员会中，我们的声音相当微弱。刚开始，别说推进标准的建立，即使我们提议在将此作为议题在会上讨论，也会被百般阻挠。后来，我们意识到光靠自己单打独斗是不行的，而需要寻找自己的盟友。

我们首先找的是中国移动和中国电信。中国移动和中国电信在世界通信领域的话语权还是很大的，而他们也有做大产业链的需求，所以我们率先成为同盟，在国内通信标准化协会上，一起对华为提出的 OTN 标准进行充分讨论，结合业务实际确定标准路线。而后，我们再联合国外的合作伙伴和客户，在国际标准舞台上进行各类演讲、探讨。这时的我们有理有据，后盾强大，在技术上着眼未来的同时，也兼容传统，包容了很多不同的意见。

最终整个标准演进被一步步推动，到标准成型时，华为的提案占到整个 OTN 标准的 75%，在超宽带光传输领域，我们占据了制高点。三年内，我们开发出了设备，支撑波分产品销售在短短几年内大规模提升。

技术核心竞争力的构建，不是靠自己单打独斗，也可以在外部寻找。2002 年，一家拥有长途波分核心技术的公司计划出售，我们向公司提出了申请，希望能收购这家公司。经过讨论，公司高层认为这个技术是有前景的，尽管当时还处于 IT 的冬天，公司在流动资金非常有限、高层集体降薪的情况下，仍然批准了我们的申请。这个有勇气和智慧的决策在后来被认为是"传送史上最划算的一笔收购"。之后我们成功推出了能够支持超长距离的长途波分解决方案，助力我们快速成长为全球长途传输市场的领先者，并保持至今。

关键路径的选择在核心竞争力的构建中有着至关重要的作用。2005 年，我们准备开发微波设备，当时的微波市场基本饱和，各个现网厂家都非常强大，而且当时微波产品没有本土市场，一上来就要到国际市场去竞争。

最初我们准备启动常规微波，大家对市场能否成功并没有底。有一次，我们去拜访沃达丰，客户说他们传统窄带微波设备供应厂家已经够多了，但是新一代 IP（Internet Protocol，互联网协议）微波供应厂商还没有确定。在多方考量后，我们决定全力投入 IP 微波，事实证明这是一个非常正确的决策。

当时 IP 微波竞标沃达丰一个项目，由于华为在微波领域的品牌知名度不高，一线与研发兄弟二十四小时连轴转，经历了三次标书澄清，才扭转了沃达丰对华为 IP 微波的认知：由不信任和怀疑，再到逐步认可。中标沃达丰项目，标志着华为微波跻身成为世界一流运营商的合作伙伴，提升了华为微波的品牌。

但庆祝是短暂的，研发团队的交付面临前所未有的压力，沃达丰要求七个月通过准入测试。我们克服了芯片首次应用、技术不成熟的困难，并前瞻性地优化了华为 IP 微波产品架构，2009 年春节研发团队牺牲与家人团聚的时间，强力保障，最终通过沃达丰准入测试。IP 微波推出后，获得了巨大的市场成功，随后欧洲的其他运营商也向华为微波伸出了橄榄枝。

一定要攻克 100G

有了核心技术，就有实力从 2.5G、10G 开始，向着 40G、100G 的高峰继续攀登。首先，有了前期的积累，我们在波分 40G 新技术上大胆投入，获得了领先优势，在欧洲等发达国家市场成为主流供应商，再加上新架构的 OTN 产品推出，2008 年我们的波分产品达到了市场份额第一。在如此大好形势下，我们没有一丝一毫的放松，将研发重心移向波分 100G。

100G 完全不同于以往，它是光通信技术高峰上最为璀璨的明珠，凝聚了光通信领域所有精华，并涉及众多跨学科知识，其尖端程度，必须依赖公司内外部资源才能实现。

2008 年 11 月，40G 破浪前行的同时，网络产品线成立了 100G 联合项目组。项目组被命名为"2091"。这个项目组是一个"日不落"的开发团队,以一批博士和专家带领的数百人团队,分散在全球各地,二十四小时不间断运作,他们的任务是攻占业界的"上甘岭"。在团队氛围上大家想了很多的方法,给予各个专家充分的尊重和信任,使每个专家都认为这是在完成"我心目中工作"。

2011年6月,是决定100G命运的关键时刻。在此之前,日本发生了"3·11"大地震,使得在日本加工的芯片在6月8日才能出厂,而我们要在6月15日荷兰皇家通信集团客户现场开通业务,6月20日在IIR(Institute for International Research,国际研究所)论坛正式发布。留给团队的时间只有七天,大家都认为这是"不可能完成的任务"。

"就算只有1%的希望,我们也要付出100%的努力。"整个100G研发团队开足马力,跟时间赛跑。项目组精心制定了"峨眉峰快速调测计划",细细推敲每一个环节,管理可能出现的每一种风险,专家驻厂跟进电路板制作过程,一起克服各种困难。

6月13日18:15,代号"峨眉峰"登上飞往香港的航班;

6月13日22:05,"峨眉峰"顺利抵达香港,并于当晚和"深海"一同前往深圳坂田研发基地开始100G设备的紧急调测;

6月14日凌晨0:05,"深海"和"黑土"汇合,赶往下游环节;

6月14日8:12,各路豪杰齐聚光电实验室,开始各项准备工作。

6月15日凌晨,兵分两路,一路到阿姆斯特丹,一路到卢森堡。然而赶到客户机房,设备启动后我们却发现100G通信测试不通。给客户的承诺已经应允了,客户的海报都已经写好了,新闻稿也准备妥当了,当时面临的压力可想而知。办法总比困难多,深圳的专家团队一同想办法,出主意,但是设备仍然"罢工"。大家不停地尝试,不放弃、不气馁,不断地排除一个个缺陷,软件版本不断升级。站在

2011 年摩纳哥 IIR 论坛会场

一旁的行销主管在晚上十点还接到客户的电话,询问进展情况。客户也在质疑,到底行不行?功夫不负有心人,晚上十一点半,这个历史性的时刻,信号终于调通。幸福与喜悦顿时迸发,大家热泪盈眶。

2011 年 6 月 20 日,华为、荷兰皇家通信集团双方联合在 IIR 论坛发布了华为 100G。一百八十多家客户现场观看了 100G 业务演示,并远程观看了荷兰皇家通信集团现网 100G 运行情况。现场会上,客户对华为 100G 评价说:"华为有很多经验丰富的专业人士,我希望后续能和他们开展更紧密的沟通和合作;同时将邀请我们的客户来参观 100G 测试,这个测试对我们的业务非常重要……"此后,100G 的订单如雪片一样飘来,2014 年大规模突破了对产品要求最严苛的日、韩市场,实现了真正意义上的腾飞。

不断前行的脚步

我们有一张特别的世界地图，上面标示着全球大T（重要电信运营商）的位置，传送网每进入一个大T，我们就贴上一个华为的Logo。到如今，华为传送网已经突破TOP 100运营商的八十家以上，为全球三十多亿人提供通信服务，连接着千家万户的通信业务和数以千万计的企业业务，连续八年保持全球份额第一。华为传送网的崛起，也为通信市场带来了繁荣。在光通信被垄断的年代，传输成本很高，我们经过努力，有效降低了通信费用，实现了人人可支付得起的通信成本。

如今，4K高清视频和移动通信5G时代带来网络流量需求的爆炸性增长，IT和CT（Communication Technology，通信技术）融合带来了"极简网络，极致体验"的网络转型机会，传送网作为"铁皮管道生意"（基础网络），我们面临着巨大的市场机遇。在这片信息汪洋中，我们的目标依然是"敢为天下先"，要从市场份额的领先者进一步成为行业的领导者。

我们，从没有放慢前进的脚步。

（文字编辑：龚宏斌）

追击雷电的人

作者：熊膺

1998年整个夏天，我和两个同事每天都在"救火"。

由于雷雨多发，华为的设备遭雷击损坏严重，先是传输产品，紧接着是交换机和接入设备，一坏就是一大片。没有专门的防雷团队，作为临时抽调的救火队员，我们每天都被突发状况搞得措手不及。一次紧急外出测试，我匆忙返回宿舍取行李，司机在楼外按着喇叭拼命催，我一不留神，"嘭"一下，整个人撞在了宿舍的玻璃门上。鼻梁撞破，连眼镜都撞碎一片。

我来到测试现场，捧着被烧坏的单板，更是欲哭无泪。搞不清楚防雷的设计、标准，根本是两眼一抹黑，漏洞堵了这一个，堵不住下一个啊！当时的我满心委屈，心里直犯嘀咕：为啥咱们的防雷这么落后？

现在回头再看当时的场景，实在有些滑稽，却很真实。从怕雷、躲雷到主动追雷、引雷，这一路我们经历了很多不可思议的故事。

研发人里最会开叉车的

1999年之前，由于在设计上缺乏考虑，各种设备的直流电源口防雷能力薄弱，成为雷击的"重灾区"。我们根据经验在直流口安上了防雷器，暂时止住了问题的爆发，然而，要想治本，必须成立专门的防雷团队，在产品设计阶段就把防雷性能考虑进去。有一些"鼻青脸肿"经验的我也成为团队的一员。

第一次开会，偌大的会议里只坐了寥寥几个人，大家面面相觑：就我们几个新兵，能补齐华为几大产品线的防雷问题吗？好在不久后，华为电气几位颇有防雷经验的专家也加盟进来，我们终于拉起了一支像样的作战部队。

手上相关资料很少，更没有线上课程，我们只能利用空隙时间啃书充电，补理论、找案例，遇到不懂的，赶紧请教过来支援的专家；专家也解决不了，就再啃书……我们还请到国内通信防雷的领军人物刘吉克来讲课。这可是业界"大牛"，在防雷标准上有绝对的话语权。我们迫切地想要抓住每一根"可能救命的稻草"，培训的资料、笔记，都当作武功秘籍一样翻来覆去地研究，就这样把华为设备各个端口的防雷规格定了下来。

培训过后，我们八个核心组成员分别被分配了一个重点产品，涉及无线、交换、接入网……八个产品同时攻关。大家开始了各种防雷电路形式的尝试，在不同类型的端口上，按照不同电路设计搭配防雷器件。可这些防雷电路的效果怎么样，还得测试来说话。这个时候，我们突然意识到，公司没有专门模拟雷击的仪器，我们的方案到哪里测试去？

既无巧妇也无米，找到仪器才是当务之急！问了一圈业内人士，我们打听到广州有我们要的仪器，但要把实验的大机柜搬到测试现场。货柜车白天限行，我们只有等到凌晨才能跟车进入广州。那段时间，经常都可以看到一群大老爷们儿，三更半夜拉上几百公斤的大机柜，带着烙铁、电缆等一堆测试工具浩浩荡荡进城的大场面。

运到广州后，机柜太沉，还得出动叉车，把大机柜连拖带拽到实验室。几个月下来，作为司机的我，练就了一身的绝技，被同事们誉为"研发人里最会开叉车的"。

生产线上的"拼命三郎"

到了实验室，我们凭着经验鼓捣的方案，一测试就暴露了问题：预先准备的几个电路方案对通信端口的保护效果都不好！这个结果本在意料之中，我们的参考资料不是为通信设备而写的，肯定会有偏差，必须一边测试，一边探索适合公司产品的电路。

就拿电路方案验证来说，我们原本按照估计，只在防雷电路上装了一个防雷器件，可模拟雷击一"打"，不行，根本扛不住。好在我们有准备，立马又加上了一个防雷器件，满怀信心地一测——又瘫了！什么情况？这下我真着急了。现场解决不了，就要再回到深圳重新准备，一来一去这周就报废了。我想着，一定要搞出点名堂。好在防护电路都是自己手搭的，我仔细检查，发现它没有电感（用来配合防雷器件提高防雷性能的部件），于是，三两下将工具铺开，把电缆里面的粗铜丝抽出来，现场绕制了一个电感，这么一来，防雷效果明显改善。这个方法果然有效，我有点兴奋，不过它软软的像个毛毛虫，一移动就在板子上面晃，暂时也只能先这么凑合着用，到正式交付生产时再来改善。

说起交付生产，更是一把辛酸泪。由于很多设备没有考虑防雷，单板上没有预留位置，我们只能把防雷电路组装进一个盒子里，组装成防雷器，出具指导书，让技术服务工程师现场安装到设备上去。此时已经是 2000 年的 2 月份，离雷雨季节只有两个月左右的时间了，

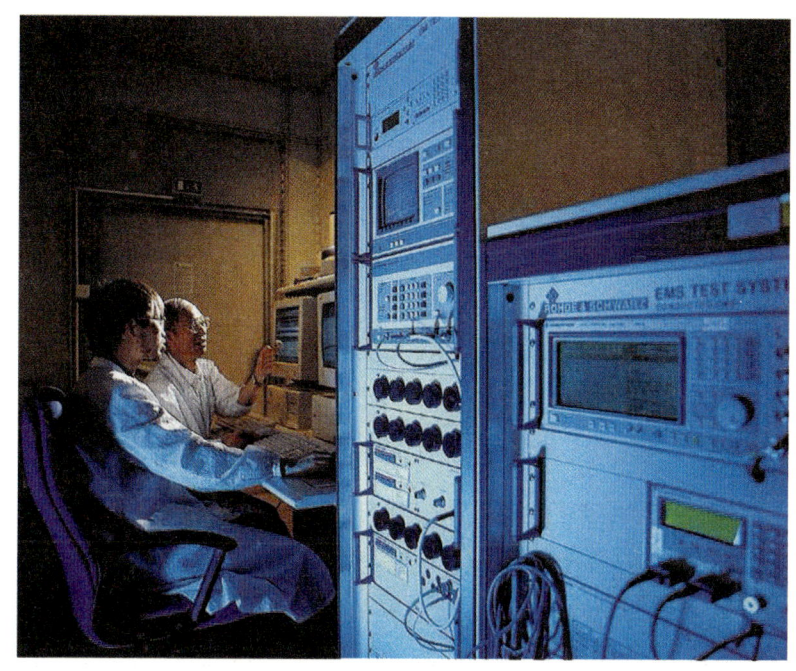

攻克技术难题

可是防雷器还在生产线上没有组装出来。

有一天,我们正在开会,主管陈敦利接到产品线电话,说发货日期已经定了,可是你们的防雷器怎么还不见踪影?他当场急得一拍桌子:"叫车!我们自己上!"我一下愣住了:"我们怎么个上法?"还没反应过来,我就和两个同事一起被他拉到深圳的厂房。

没有人比我们更了解防雷器,完全不需要培训,我们立马上岗。坐在流水线上,把焊接好的防雷电路安进盒子里,这活儿没有技术含量,可是我们一群搞研发的,忙活了半天,好不容易装起来一个,旁边的工人们早就组装好四五个了。抬头看看陈敦利,正认真地组装着,比谁干得都起劲,连饭也顾不上吃。厂商看着我们的样子,无比震惊:你们工程师都自己出马了,简直是拼命三郎啊!可三四天下来，我们的成效并不明显，胳膊和手倒是疼得不行。不过，我们亲自上阵让厂商感到了压力，安排了更多的工人来加班，紧赶慢赶，总算赶上了进度。

这些防雷器被运送到一线后，和设备组装在一起，取得了切实效果，防雷攻关产品的雷击损坏显著减少。

一场"一对多"的PK

吃过"打补丁"的苦，我们不再满足于救火、补漏，希望能介入产品开发的前端，从攻关的角色转变为支撑日常的产品防雷设计。人员的班底还是我们几个人，每个人被分到不同的产品线去支撑，与其说支撑，不如说是PK。对于我们的诉求，产品线都表示欢迎，但到底能不能做到？我们也要向产品线证明自己的能力。

我刚接手无线防雷工作不久，一个已经安装了防雷器的新产品就被雷电击坏了，产品线领导连连皱眉："你们不是严格测试过了吗？怎么还是没用？先把防雷器做好再来谈介入前端设计吧！"

到了现场检查，我发现防雷器的放置位置完全不对，接地的方案也不合理，防雷器当然无法有效发挥作用。然而我的解释并没有赢得产品线的信任："你们有什么证据吗？按照你的意见调整，知道对产品的工程方案影响有多大吗？"

问题没解决成，我灰头土脸地回来了，但是这么着也不是办法，不是对比产生美吗？我就想着把不同配置的防雷效果拿出来，给产品线看看到底我说得对不对！我详细分析了防雷电路产生作用的原理，经过了数次的删改和优化，还找了其他专业的人，看看他们有没有"阅读障碍"。拿着四十多页的文档，无线产品线的工程师很快被我说服了："哟！还真是那么回事儿！"他们立即和我们一起说服产品线的领导，为防雷调整产品工程方案。

然而，PK 还没有结束。在具体执行方案过程中，我们与产品的硬件、结构等团队也不打不成交。拿结构来说，我反复强调：防雷器必须要安在机柜里面，放在单板的旁边才能起作用，但结构团队一脸不理解："放进去就行了，那里就那么点空间，放不下！""可是不放在这个位置，防雷效果很差。""那你拿出证据来！"没办法，我又吭哧吭哧回到实验室，把防雷器安装在不同位置所呈现的不同测试效果绘制出来，给结构工程师一一讲解，才说服了他们。在方案落地的整个过程中，像这样的 PK 随时都在发生。

最终，按照规范安装的防雷器，扛住了整个雷雨季节的考验，雷击损坏率下降到几乎为零，防雷团队的技术能力终于得到了各个产品线的认同。

防雷大忌也敢碰？

进入分布式基站时代，RRU 被安装在铁塔上，可以降低信号衰减，降低建网成本，但这对小型化提出了挑战。射频、电源等都铆着劲儿要把自己的产品"挤"到 RRU 里。然而，我们的防雷电路体积太大，给小型化的进程拖了后腿。在一次评审会上，RRU 的架构师直言不讳："大家的电路都是挤公交，你们防雷电路还舒舒服服躺在宽敞的奔驰车里。"

我们根本没法反驳：防雷器使用的器件多年都没有突破，如何做到小型化呢？大家反复头脑风暴，一个一个分析所有可能的器件小型化的可行性，前后规划设计了七套方案。可是最终都以失败告终。

设想不断推翻，方案止步不前，真的到了极限？"要不试一下用 G 器件？"王庆海提出。用这个器件能实现比传统器件小一半的电路方案，但却有一个致命的危险：一般的防雷器件完成对雷击过电压的响应之后会自动断开，保护 RRU 的同时自身也不损坏，但 G 器件的特性是承受所有雷击能量来掩护其他设备、电路，其电压调整存在很大技术难度，设置得过高，达不到防雷效果；过低，可能会错误响应直流电源，误伤自己，导致 RRU 损坏。更抓狂的是，这个电压在不同雷击情况下还是在不断变化的。

厂家听到我们这一"雷人"想法，几乎都是敷衍了事："我们先回去研究一下……"有的厂家直接说我们异想天开："你们这就是在电源线路上玩火！"可是，这是所有"不可能"中可行性最高的，如果这条路也走不通，那我们的小型化也许真的到了尽头。

或许是一种多年来的技术直觉，我总是觉得天无绝人之路，决定放手一搏，穷尽不同雷击的所有波形，把不同情况下的最合适电压"试"出来。作为团队里面的"老人"，尽管自己心里打鼓，却不敢流露分毫胆怯，不然下面的年轻人岂不是更没信心？一边扛着，一边鼓励更年轻的专家："后浪迟早要将我们前浪拍死在沙滩上的，大家加把劲儿，让这一天来得更早一些吧！"

我们开始不断地自我修正。先是器件论证，然后仿真，再是设计，最后打样。为了找到那个临界点，每次验证一个电性能参数，我们要用电压一伏一伏的去测算……每次调整，都要重新优化设计，更改电路，重新打样，推倒重来。这样操作下来，每一轮设计打样都得持续两三个月的时间。

在这个过程中，测试验证伴随始终。每一轮需要涵盖的器件多达五六十个，每个器件模拟雷击不下十次，数据记录多达两千多组……几个月测试下来，我们的耳朵都是嗡嗡的感觉，人也晕乎乎的，通常一个大量级雷击后，嗡鸣声一直持续到我晚上睡觉。

每一轮都是带着希望、然后失望，重燃希望、再度失望，我们在这个循环往复的过程里挣扎了很长时间。最终，在经历了六轮设计打样和测试后，幸运女神垂青我们，满足各种条件的最佳方案被我们"试"出来了！

那一刻，我捧着手里的数据，喉咙仿佛堵住了一样，说不出来一个字，我在心里想了很多遍的欢呼、狂喜场面一个都没有出现……我们的防雷器体积下降到原来的一半，又一次甩开了对手，做出了业界从没有人敢想的事情。

捉住真实的雷电

欣喜过后，我们吃惊地发现自己被逼进了"无人区"。这个时候，靠经验来设置防雷规格再也行不通了，只有捕捉到真实的雷电，获得关于雷电的最精确数据，我们才能检验仿真模型是否合理、仿真结果是否准确，把防雷器做到更极致。

可怎么才能"捉到"真实的雷电呢？"火箭引雷！"队伍里有人提了大胆的想法。这个办法全球才只有三四个机构在搞，要么是气象，要么是国防，ICT 行业更是从未提过，但它获得数据精度最高，这对我们来说太有诱惑力了！

2010 年，我们和广东省气象局一拍即合，正式开始火箭引雷。拖着电源柜、电池柜，几个人挤在货车驾驶舱里，我们一路颠簸到中国气象科学研究院的野外雷电探测基地。

平时总担心雷击损坏设备，一旦去引雷，才发现没雷的天气

调试火箭引雷实验设备

广东省防雷中心的野外雷电探测基地——天气预报说第二天有雷雨天气，连夜搭建人工引雷环境

永远比有雷的天气多。得到消息还在路上拼命赶，赶到时天已经放晴……一天之内要在基地和发射点之间来回多次。有时候好不容易等到适合的天气，可雨势太大，试验铁塔有被闪电直接击中的危险，我们无法上塔安装测试电池，也只能懊丧返回。

眼看着雷雨季节就要过去，可老天不赏脸，一直都是晴热天气。9月3日小雨，我像往常一样早上6点就时刻准备着，大家目不转睛地盯着雷达和电场图，蹲守到8点，都一直没有适合引雷的条件。突然，卫星云图上看到一团云层即将路过引雷基地，气科院的研究员说："准备出发！"我们又一次气势汹汹地"杀"到基地，暴雨中，我们十个人挤在几平方米的"火箭监控室"蹲守，吃着混着雨水的冷饭，心情在希望和失望之间起伏不定。

晚上9点，我们已经持续蹲守十多个小时了。大家盯着雷达和电场图，紧张得直拽头发，看着云层中电场强度不断增加，心情越来越激动。"准备发射，三，二，一，点火！"火箭如利剑出鞘窜向云层，紧接着几道光芒刺眼的闪电击到铁塔上，我们被震撼得说不出话。不知谁先喊了起来，大家才回过神来。我们终于捕获到了闪电，成功将雷引到了我们的通信铁塔上，获取了极其宝贵的原始数据。

我曾经多次在电视里看到火箭发射成功时科技工作者们的狂喜，而在那一刻，我也深深地感觉到了这种巨大的幸福。

"追雷"十八年，我们从研究防雷产品，一步步走到研究雷电本身。如今，无论是滂沱大雨，还是电闪雷鸣，人们都不再受雷电因素困扰，能随时随地打电话给远方的亲人，与大洋彼岸的伙伴视频聊天……这些平常生活背后，是我们团队十余年的不甘心、不认输和不断尝试。处在这青春将逝的时刻，回望来路，无怨无悔。

（责任编辑：江晓奕）

华为为我设立了一个研究所

作者：Renato Lombardi

"来华为，生活翻开新的一页"

2007年底的一天，华为微波团队的 Denis Han（后任华为米兰研究所所长）联系我，希望我们能见一面。

第一次知道华为是在2004年。当时，在西门子工作的我，将微波产品卖给华为，用于华为在柬埔寨的一个项目。不久后我参观了华为深圳总部，去了高大上的F1展厅，见识了深圳的工厂，特别是看了华为的发展轨迹后，一下子感觉到："华为并不是一家纯粹的中国公司。"华为的生产制造员工很少，研发人员占了非常大的比例，这样的华为更关注长远的创新和发展。回去后，我在西门子内部做了一个报告，告诉他们，华为作为一家跨国公司，虽然规模还比较小，但在将来几年甚至数个月，我们就能看到它发展壮大。

这一次短暂的"约会"让我对华为印象深刻，但此后并没有什么交集，直到这通电话的到来。

会面的那天，是圣诞节前一个特别冷的下午，在米兰的一家咖啡馆，Alex Cai（时任欧洲研究所所长）是面试官。与其说是面试，不如说是一次业务规划讨论会。Alex 非常坦诚地告诉我，华为的IP

Renato 在微波能力中心成立典礼上留影纪念

微波产品、ODU（Outdoor Unit，室外单元）依靠代工，竞争力不足，人才也较为匮乏，他们希望能够找到微波的"明白人"，解决"ODU的自研开发"，"看清微波的发展方向"，构建 IP 微波的核心竞争力，打造华为微波的品牌。

我们讨论了一下午，一致认为，华为需要建立自己的微波研发能力中心，最关键的是要拥有充满竞争力的人才，因此最好建在人才聚集的地方。

大家不约而同选择了米兰。米兰是全球知名的微波之乡，诸多知名公司如西门子、阿朗、爱立信在米兰都设有微波研发和销售机构。还有如米兰理工大学等大学投入微波人才培养，人才资源丰富，微波产、学、研生态系统完整。

我们甚至讨论到初步规划：多少人，多少投资额，需要多少时间等。这让我极为触动，也促使我最终下定决心从一家西方公司来到华为。

我知道，一开始我在华为的职位会比以前低，而且离开一个工作十几年的地方，打破原来长期积累的人脉关系和资源重新开始，困难会很多。但我一直认为自己是一个充满激情、喜欢尝试新事物的人。在华为开启一段全新的生活，组建自己的团队，从事新的业务，还有什么比这更具吸引力呢？甚至可以说是一次重生（顺便提一下，我的名字在拉丁语里的意思就是"重生"之意）。就像翻一本书，前面的一页已经翻过去，等待我的是新的一页。

"抄近路"，打响头炮

筹建米兰微波分部的那段时光，非常有趣。

那是 2008 年的夏天，Denis Han、Logos Tao（时任西安 ODU 产品开发团队经理）、William Gou、Franco Marconi 和我，五个人挤在华为代表处一间靠近咖啡机的小办公室里，声音嘈杂，空调也坏了，但我们一起憧憬着未来：租办公室，找合适的人才，从无到有地建立微波研发能力中心。唯有想象未来，才能熬过这个炎热的夏天。

我利用一切机会和资源向业界专家介绍华为和微波发展平台。最开始我找的是和我共事过的人，他们都是在业界有十年甚至二十年以上成功经验的专家，我们彼此了解，互相信任。就这样，最初的微波专家核心团队建成了。

组建米兰研发能力中心的同时，华为面临的业务挑战也到了紧要时刻。2008 年 10 月，华为中标沃达丰项目后，产品的研发压力随之而来，客户要求几个月内通过 POC（Proof of Concept，概念证明）准入测试。

我着手和中国同事一起建设测试环境。测试选在哪里合适呢？当时，米兰的办公室刚刚装修好，还没有实验室，而华为在西班牙已经建有一个移动创新实验室，这是一个自然而然的选择。但我坚持必须在米兰测试，要让客户看到米兰华为的微波技术团队的承诺和竞争力，以此与客户建立长期的合作关系。后来，我们成功创建了联合创新中心。

我决定"先斩后奏"。一次和关系很好的客户共进午餐时，我问他们："在下周和华为的正式会议上，能否请你们问问华为是不是在米兰测试？"一周后，客户告诉我："Renato，你还不知道，沃达丰已经跟华为提出在米兰测试了。"

我为此兴奋不已，但没想到的是，客户选择在中国的大年三十（2009年1月25日）测试。此时，距离测试不过几周的时间，我们必须非常快速地将实验室搭建起来。

测试工程师胡斌，带着十几人的团队来到米兰帮助我们。我记得有一个周末，我和其他意大利人像木匠一样，把一个个螺丝拧紧，一块块瓷砖装好。一般研究者不会去做铺地板、走线之类的事情，但微波分部就像我们的家一样，每个人都知道它对我们意味着什么。大家都认为这是米兰团队非常关键的时刻，相当于头炮，一定要打响。因此，每个人都很坚定也很投入，没有谁因为要在周末做这些事觉得有问题，都希望能够成功。

不到两周时间，实验室从无到有建了起来。但是产品版本还没到TR4，我们就迎来了测试。

在西安和成都的中国同事也主动放弃了春节和家人团聚的机会，二十四小时全天候支持我们。每天，米兰、西安和成都三地的团队在客户测试结束后，就开始通宵定位和修改问题，改代码，编版本，

Renato 给客户演示创新成果

不断地测试和验证。

这个时候我才理解,"Fen Dou(奋斗)"这个词的真实含义,以及这种鼓舞着华为人前进的价值观。

测试虽然磕磕绊绊,并没有 100% 完美,但在团队的紧密配合下,两周后我们通过了客户的考验。几天后,当时的固网产品线总裁丁耘来到米兰。我向丁耘解释为什么要在米兰测试,但还是有些担心,因为我"抄近路",走了一些捷径。丁耘让我不要担心,他说,华为因为我,早就决定将测试放在米兰,而事实也证明这个决定是对的。

对米兰团队来说,这一次测试仅仅是开端,但非常重要。因为我们第一次向关键客户展示了华为的微波技术,向客户证明了华为米兰不光有研发设计能力,还具备行销、服务方面与客户的连接能力。我们深刻理解和实现了客户的需求。因此,就像汽车需要燃料一样,我也需要这场测试放在米兰。

当面临两种选择时,有时候我们需要提前谋划,而不是等到事情发生时才去行动。实际上,意大利人和中国人很像,会采取非常务实的办法:如果前面有一个障碍,绕过它并达成目标,是最简单的方式;如果不得不面对,我们就尽最大的努力克服它。

一年完成外界认为两年都做不到的事

2008年下半年,当米兰微波分部初具雏形时,华为ODU的自研问题也提上了日程。

ODU由合作厂家提供,在性能、技术特点、整体质量等方面竞争力不足,无法与老牌微波厂商匹敌。凭借在微波行业二十多年的经验和判断,作为团队成员之一的我,第一次出差成都期间,提出了"一板设计"的方案。这个方案在产品性能和生产能力上可以超越对手的"两板式"设计,但技术难度更大,对研发团队提出的要求更高。

大家就新方案进行了激烈的争论。我和米兰团队坚信这一判断,并试着说服其他团队。在经过长时间邮件和电话的"乒乓"后,我和其他微波专家决定从米兰飞赴西安(当时西研所刚被批准作为华为在中国新的微波ODU发展中心),和无线产品线的研发团队当面沟通。

那是一个寒冷的清晨,我和Logos一行几人,冒着寒风在古城墙上来来回回走了很久,边走边详细分析新老方案的优劣,试着提前预测所有可能出现的技术性和组织性问题。我对Logos说,我们有信心能够实现新方案,外界说华为两年都做不出ODU样机,我们会证明我们不仅能做到,而且一年就能做到。

我们讨论了足足四个小时。虽然彼此都知道新方案在技术上还存在一定的风险，但我们坚定了这一选择。

最后，我们成功了。我们不仅自研出室外单元，还推出了华为自己的微波产品。我的团队做到了！产品最终被命名为"XMC 系列"，正式的名称是 eXtreme Modulation Capacity（极高调制能力），但我立即想到，XMC 就是"西安、米兰、成都"的简称，意味着三地团队共同努力实现了产品的联合创新开发。

"用激进的承诺给团队压力和动力"

要打造业界领先的高品质微波产品，很多新的挑战等待着我们。在毫米波范围内的超高频电路设计是业界公认的难题。常规频段的微波产品设计和加工相对独立，到了 Eband（E 频段），将电路设计和制造工艺分开几乎不可能。如此高的频率，最微小的缺陷都会导致灾难性的寄生效应，因此在设计阶段，有必要考虑制造上所有可能发生的意外事故，还要保持适当的利润率。由于各种技术和后勤原因，包括在中国一些关键零部件进口困难，因此我决定在米兰制造 80 GHz 的部分工艺，也便于和科研团队保持更密切的连接。

我在米兰找到了一位经验丰富的微波制造顾问。在顾问的帮助下，研发团队掌握了制造流程和关键控制点，可以说是产品质量保障的"敲门砖"吧。我们设法制造出在高频下核心器件 SiP（System in Package，系统级封装）的高容量，在中国的工厂完成最后的装配。

因为从未做过 Eband 产品，在达成目标前，我们和生产线花了好几个月不断测试验证，解决问题。

那段日子，支持 Eband 的专家团队完全没有时间的概念，每天不知疲倦地不停做实验，寻找问题的原因。有一次，一个新的问题导致产量下降，我记得我和其他工程师从米兰飞到松山湖，和来自西安、成都和上海的团队一起工作，所有人付出成倍的努力直到找到根本原因。这次出差我至今记忆犹新，因为我在家中打篮球时不慎摔断了手，那期间我的手一直打着石膏。

让人高兴的是，我们解决了遇到的每一个难题。现在我们引领着微波行业，占据市场最大的份额。

"文化就是适应"

在公司八年，我经常遇到一个相同的问题：作为一个西方人，到一家中国公司，文化差异比较大，你怎么去适应？

我认为没什么特别。就公司本身而言，所有的大公司都有不同的组织机构，但往往有一些共性是需要我们去理解的：怎样在一家大而复杂的公司工作？

华为在欧洲的一些外籍管理者，很多曾在爱立信、西门子的总部工作，他们常问我在华为如何沟通。很多时候，我试着建议他们换一种方式做事。部分人没有意识到自己已经不在总部工作了（总部在中国）。无论何时何地，你需要适应新公司的价值观，新的领导以及他们的管理和工作方式，找到你的价值所在。

除此之外，还要了解中国，了解华为。理解了他们的文化和思考方式，才能更好地沟通。二十五年前我就来过中国，20世纪90年代去过多省出差，每到一地，我都会到周边转一转，参观旅游景点，体验当地的特色餐饮和传统食物，慢慢喜欢上了中国、中国的历史和文化。

我会告诉团队的外籍专家，学习一些基本的中文，特别是"不

Renato 和客户讨论联合创新样机功能演示

要去意大利餐厅、快餐店或其他西餐馆,我们就吃中国食物"。因为这是我们能更好地理解中国同事的一个方法。很多时候,中国同事会问:"你会说中文吗?"事实上,我不会说中文,但我会说三四百个中文单词。这是我的求生工具。

理解一个人比会说一门语言更重要。达尔文很多年前告诉我们,不是最强大的人能生存下来,而是适应新环境最快的人才能生存。

文化就是适应,就是尊重多样性。没有人希望我的行为像一名中国人,我是意大利人,但我深深地尊重中国文化和中国人,这也许是我的错误可以被原谅的原因吧。

"我喜欢看到事物积极的一面"

那么如何更好地适应呢?我的态度一直是:不抱怨,多微笑,看看事物积极的一面。

八年前的华为,就像一个十一二岁的小孩子,虽然长得很高,但并不成熟,比如在流程、制度等方面还不是很完善。有同事可能就会抱怨,甚至问我:"Renato,你怎么从不发火呢?"我说,我们被聘为华为员工,是来发现问题、提出建议、解决问题的。任何公司在发展过程中总会有各种各样的问题,华为也不例外。如果没有任何问题,那还需要我们做什么?

而即便一开始融入团队也并不是很顺畅的,但华为主管尤其是高层的支持,是我之前从未遇到过的,让我能满怀信心坚持下去,并最终找到了和总部以及其他团队最好的配合方式。

我还记得,加入华为后第一次来深圳,见到了公司的高层领导,他们很直接地问我:"你需要我们怎么支持你?"我很震惊。之前在其他公司找高层领导,通常只是去汇报工作。和高层领导沟通完两个小时后,我开始陆续接到其他同事的电话,他们已经从高层领导那里接到了任务。这样的领导力和执行力深深震撼了我。这之后,只要到深圳出差,我会给每位高层领导发邮件,他们总是会抽出时间欣然与我交谈,而到最后依然会问我:"我怎么支持你?"

公司的成长、改进和变化,并不是在朝夕之间就能实现,我们需要去理解:如果路径是正确的,我们可以等待一些事情的适时发生。就像登山,一路可能会遇到很多蚊子,如果蚊子咬我,我也不会停下攀登的脚步,我只会拍一下它,然后继续前行,因为我的目标是登上山顶。

"我也是一头狼"

不止一个中国同事对我说:"Renato,你很华为。"我一直认为,我的个性和华为还是很符合的。

在米兰的日子,我总是早一点到研究所,晚一点回家。和家人吃完晚餐后,我通常会打开电脑继续工作。除此之外,一年我有一百四十天左右的时间在全球各地出差,尤其是中国。出差途中,无论是在飞机还是在火车上,只要有时间我也会打开电脑工作。我每时每刻都在思考,只要有想法就会立即写下来。我真的很喜欢这份工作,也从未想过要在工作和生活之间画一条明确的界线,因为这就是我的生命。

微波团队也是如此。团队目前有五十多人,我不喜欢去看他们在做什么,我相信我的团队。我也不想过多地管理,事无巨细地告诉他们该做什么和怎么做。每个人都要对自己的工作负责。当你知道这件事非做不可的话,你一定会付出很多很多去努力完成。

我喜欢给别人看我的华为工卡,告诉他们,我的工号是900004,是华为欧洲研究院的第四位外籍员工,也是意大利米兰微波分部第一个外籍员工。说起来,也挺有意思。我经常作为唯一的非中国人在中国参加会议,我是华为员工,从当年破釜沉舟来到了华为那一刻起,就没想过半途而废。这么多年来,我一直都在。

直到现在,我依然觉得自己

Renato 代表华为参加各种技术会议的与会卡

来华为是幸运的，能和非常优秀的团队一起做着业界最前沿的研究，贡献着新的思路和想法。而华为米兰微波从无到有，从有到强，研究所就像我的孩子一样，已经成为我生命的一部分。展望未来，我更看到了米兰微波的无限机会。

有人曾对我说，华为人充满"狼性"，还好，我也是"一头狼"，因为我喜欢吃生肉和带血的食物，开个玩笑。在我看来，意大利人和中国人都是实用主义者。不论国籍，只要我们能提供大家想要的结果，一切事情都会为你打开门。

（文字编辑：肖晓峰）

从偶然到必然——Mate 背后的故事

作者：李小龙

Mate 系列，是华为目前比较成功的手机系列之一，可很多人不知道，在问世之初它并不如人意，我们也遭受了很多质疑和挫败。但我们自始至终秉承一条信念：紧紧瞄准消费者最迫切的需求，并为此来打造 Mate 的 DNA。我们相信，做好了这点，Mate 就一定能成功，需要的只是时间和机会。5 年时间，Mate 取得了如今的一点成绩，当然一路走来是曲折蜿蜒的，我现在来讲讲背后的故事。

华为要做旗舰机

故事是讲 Mate，我却想从 P1 说起，对公司和个人而言，P1 都标志着从 0 到一，第一款华为品牌旗舰智能机，从之前以运营商定制联合品牌为主转向打造华为自主高端品牌，这是一个划时代的转折。

2011 年的华为，市面上销售的只有中低端入门智能机型和一些功能机，刚调任消费者业务 CEO 的余承东提出打造自己的旗舰智能机。之前一直在负责功能机的我，被领导从西安召回上海，负责打这头一仗。一下飞机,我就买了各友商的旗舰机一探究竟,那时我和团队对智能机认知都很有限,我上一款使用的智能手机还是Windows Mobile 平台的产品,对刚上市的安卓系统一无所知。

我们紧急向其他负责智能机的团队学习和补课,对产品略微有些想法后开始着手规划华为第一款旗舰智能手机 P1,当时的想法非常朴素,瞄准友商已经上市的旗舰机,把所有能用的领先技术都用上,给消费者以全方位顶级体验。于是,手机造型、处理器、平台、内存、摄像头、结构件、电池等环节,都选用最好的方案,整机架构也按照最紧凑、最激进的方案设计,P1 成为华为当时使用新器件最多的手机产品,产品开发难度之大也远超过我们的想象,最终产品上市时成本也超出了预期不少。

2012 年,我们满怀信心迎接 P1 上市,本以为技术领先,会成为爆款。结果市场反应不啻当头一棒,全球总共也只销售了几十万部,销量根本无法与友商竞争,比华为自己的中低端智能机也差了不少。

从期望到失望,只能阿 Q 式地安慰自己,第一次做,算是试水吧。可必须反思,做手机不能只考虑产品规格,不是说把所有先进的技术堆上去,就一定能成功。还涉及方方面面的能力,比如品牌能力,P1 的定价是 2999 元,在当时国产手机里是最高的,可消费者对华为手机品牌还停留在"办宽带送手机"的阶段,多数人不会愿意掏 3000 块钱买华为 P1。再比如零售能力,那时我们刚从 2B 市场转向 2C 市场,由于品牌认知度差,大部分的手机卖场都不屑于和华为合作,哪里像现在这样大街小巷到处都是打着华为 Logo 的店面,一直到 P1 退市,都没能成功进入国美和苏宁销售。记得那年终端公司开始搞全员站店活动,我作为 P1 产品负责人,站的几个店面竟然都没有 P1 可卖,太尴尬了。

不过无论如何，吸取了经验教训，华为旗舰机算是启航了，大家都在展望着未来的成功。

一款只为养家糊口的产品

谁料，成功竟遥遥不可期，之后的近一年里，多款高端机接连折戟，真是屡败屡战、屡战屡败啊。团队压力极大，士气降至谷底，"为什么我们老是做不好？"挫折感在弥漫。还有现实问题，再不做出能挣钱的手机，团队就要揭不开锅了。

好吧，这种情况下，需要开发能养家糊口的产品，于是我们低调地开始孕育 Mate 1。当时每年手机屏幕尺寸都在小幅增大，我们能否一步到位，直接设计出适合人手握持的最大屏幕手机？另外智能手机带给消费者的最大痛点就是电池不耐用，超大屏幕、超强续航手机在当年还是一个空白，我们紧扣这两点，主打"6.1英寸大屏"卖点。除屏幕和电池，其他规格和器件满足消费者需求就行，尽量选择成熟器件，严格控制整机成本。

产品出来后，线上和线下两个销售团队都想卖这款产品，因为大屏确实是当时独一无二的细分，产品卖点非常显性。但两个团队又都有点信心不足，因为之前我们的几款手机都销售欠佳。在各种犹豫不决中，管理团队决定把产品按照内存大小拆成两个版本，线上线下同时销售，可操盘上难以协同配合，两个团队你有你的口号，我有我的 Slogan（标语），经常要协调各种冲突。备货的节奏也没控制好，前期销售火爆但备货不足，等准备的物料到货后，产品已经卖不动了。那时华为手机整体体量小，第一代 Mate 的销量虽不算优秀，倒也还算及格，但多出的物料（主要是长货期的电池和屏幕）

就把之前的利润全部搭进去还不够赔。

仓库里有这么多库存的屏幕和电池，必须想办法消耗掉。我们被迫开发了 Mate 2。卖点依旧是超值大屏，不过这次使用了华为第一代内置 4G 通信能力的 SoC（System on a Chip，系统芯片）芯片麒麟 910，当时在业界也是领先的。但 Mate 2 整机竞争力不足，销量依旧不温不火，把两代手机打包综合起来看，经营上只能算盈亏平衡。

然而我们都没想到，这不算成功的前两代手机，竟为 Mate 找准了今后的方向。在智能机普遍续航能力不足的年代里，Mate 1 和 2 拥有大屏还能保持强大续航能力，让消费者惊喜了一把，我们也收获了第一批 Mate 粉丝。这批消费者的用户画像很清晰，后面我会详细说到，他们的需求就是产品方向，为 Mate 7 的爆发奠定了良好基础。

一切为了 Mate 粉丝

2013 年一次例行会议，负责工业设计的同事拿出一款新的手机模型，我顿时眼前一亮，全金属外壳、超大屏幕，整体感觉低调又大气。我的心里颤了一下，这就是我想要的产品，对，Mate 7 的雏形。基于这个设计原型，我们开始规划下一代 Mate 手机。

前面提到，Mate 1 和 2 为我们攒下千金不换的财富——一群忠实的消费者。通过用户调研，我们可以这样描述他们：多是职场精英，事业上小有成绩，看起来些许风光，可是压力山大，上有老下有小、有房贷有车贷，职业上正值向上突破的当口。

他们对手机的要求是什么？经常用手机办公，希望能有更大的屏幕，因为重度使用对手机的续航性能非常看重，他们会因为大屏幕和长续航而对 Mate 产生好感，这两个优点我们要保持；手机是生产力工具，高性能就必不可少；因为屏幕大机身设计必须要紧凑，屏占比要大，外观要显得稳重，符合职场人士的身份定位。

于是，代号 Jazz 的手机研发项目正式启动。大屏、续航好，Mate 系列一贯强项，不必多说；为了高性能，我们采用当时华为最新自研芯片麒麟 920，这也是第一次在处理器方面真正领先竞争对手；为了让机身紧凑，我们绞尽脑汁调整布局，大家甚至一度想把摄像头移到手机下方，这样整机长度能缩小 2 毫米，可思来想去，用户自拍时从下往上的角度会让脸部变形，严重影响用户体验，放弃。

此外，还有一触指纹解锁的全新功能，现在看来可能不叫事，可 5 年前市面上还没哪款手机这么设计（当时 iPhone 5s 还没有发布，其他支持指纹的手机需要先按电源键然后滑动手指），也没有成熟的指纹芯片供应商。是否要指纹在当时产生最激烈的分歧，"功能鸡肋！成本高，还无缘无故加大手机尺寸！""多实用啊！肯定是爆款！"一时争执不下。我是支持指纹解锁的一方，我描述了这样一个场景，你上了一天班，身心俱疲，想给父母或妻儿打个电话，可这时你发现，还要先输入一个"该死的"密码，多么影响心情啊。

一个小故事当然没有那么神奇的功效，不足以立马说服反对者，但我们决定指纹一定要做好，后来把指纹解锁前置还是后置也产生了不小的分歧，我坚持要把指纹放在手机背后，因为大屏手机的外观尺寸至关重要，后置指纹可以不增加手机尺寸，还方便消费者使用。后来的市场反馈证明，背面指纹解锁是受到热捧的原因之一。

当然，这并不是一款十全十美的手机，基于成本上的考量，不能方方面面都使用最好的器件。我们把各项成本一条一条列出来，舍弃哪个都很心疼，可刀子必须狠心下。最终，在摄像头上没有舍得大投入，当时的考虑是，职场人士对拍照应该没有那么高的要求。

就这样,新款手机各项规格一一确定。与前两代不同的是,我们在定义规格时,方向非常笃定,就是朝向目标用户的关键痛点一一解决,也因此我们对它很有信心。

在产品上市前的操盘决策会上,好多人反对这款手机叫 Mate 3,原因是 Mate 1 和 Mate 2 都销售欠佳,渠道商对 Mate 系列没信心,沿用 Mate 的名称很可能依旧卖不好。有人建议改叫 D 系列,有人建议叫 X 系列,会上甚至已经决策通过叫 D7。眼看就要跟 Mate 系列不相干了,会后我找各位领导逐个说服,我的理由很简单,Mate 是伴侣的意思,这款手机不需要用户经常担心它电量够不够、会不会卡机,

HUAWEI Mate 7 柏林全球发布会现场之一

HUAWEI Mate 7 柏林全球发布会现场之二

让用户省心，是忠实的伴侣。沟通之后，我们给新一代手机最后命名为 Mate 7。这算一个小插曲吧，Mate 系列差点就"二世而亡"了。

2014 年，险被腰斩的 Mate 7 终于要上市了。

爆款，意料之外，也意料之中

"小龙，你们预计 Mate 7 能卖多少？"手机上市前，其他团队的兄弟问我。

"120 万部"，报出这个数字，我还是咬了咬牙的，能卖个八九十万部，就已经是大大的翻身仗了。Mate 7 从产品角度来说算是业界领先，可屡次失败的经历早教会我们，手机卖得好不好，产品好的竞争力是必要条件，但不是充分条件。

当发布会上宣布标配版 2999 元、高配版 3699 元的定价时，台下一片寂静，还没哪款国产手机敢突破 3000 元，很多人表示质疑，认为华为的品牌能力不足以支撑超过 3000 元的手机，认定它会延续 Mate 系列的失败传统。

距 2014 年结束还有 4 个月，中国区各代表处集中上海开动员会，要认领未来四个月内能销售多少部 Mate 7。国内最大代表处的同事上台，伸出一根手指，"一万部"，我的心都凉了，最大的代表处，只敢认领这么一点，是对产品多不看好啊。可这时还有其他代表处的同事在底下喊，"这么多，兄弟你悠着点啊。"

后来我还看到一位负责维护华为商城的工程师的文章，他写到，在新款手机上市前，很担心销量太好，把在线商城挤垮了，后来获悉定价，心中石头才算放下，这个价格应该不会对华为商城产生太大的流量冲击。

在一片怀疑中，我再次审视了我们最初的逻辑。一，从产品角度，该手机谈不上各方面都顶级，但绝对属于领先产品，且优点突出。二，手机定位非常准，牢牢抓住特定消费者的痛点，而且这些消费者的影响力、口口相传能力很强。三，产品和品牌能力确实应该匹配，但做一点挑战，"产品定位向上够一够"是可以的，我们还算稳当，没有冒进。四，经过这几年的积累，华为的操盘能力已经有了较大提升，营销、渠道、零售等方面已不是当年所能比拟的。

把这些前前后后反复梳理了无数遍，把 Mate 7 生命周期的备货量全部压到前三个月，如果销售好，后续还有提拉的机会，如果销量不达预期，也不至于产生恶性库存，接下来就等待吧。

产品上市仅一周，全国各地就传来 Mate 7 已经售罄、要求补货的消息；那位华为商城工程师的文章还有后续：看着华为商城抢 Mate 7 的流量一天比一天多，心里有点发毛，赶紧采取措施防止服务器瘫痪。

第二周后，已经一机难求。我们过去难以进入的店面，现在纷纷主动找来要求合作，设置华为专区专柜，门店主动加上华为的Logo；许多卖手机的店面，门口挂个小黑板，写着"Mate 7有现货"，作为招揽客户的手段；我们团队小伙伴们的失散多年的同学旧友，都突然恢复了联系，上来就是一句"能不能帮忙买到Mate 7"。

HUAWEI Mate 7 获胡润百富2015年最佳智能手机新品奖

最终，Mate 7的销量超出所有人预期，也包括我和团队成员。这针强心剂来得太及时了，团队信心爆棚。也由于Mate 7大卖，让我们在品牌、营销、渠道、零售等方面的能力都得到进一步积累和提升。

想让更多人爱上Mate

Mate 7成了爆款，Mate系列自此得到更多的资源投入。大屏、强续航、高性能、机身紧凑，也成为沁入Mate系列产品骨髓的DNA。从Mate 8到Mate 10，我们一直顺着这条路，不断升级处理器、外观、拍照、屏幕等，每一款都用当时业界最领先技术，给消费者以最极致体验。成本提升，能给消费者更佳的产品；产品的口碑好了，品牌定位也跟着提升；品牌上升了，能承载的定价就更高了，有助于打造体验更好、竞争力更强的手机，形成一个良性循环。

我特别想说一说 Mate 9 Pro，它采用了 5.5 英寸屏幕，是 Mate 系列向小屏进军的第一款产品。大家可能有疑问，不是都说大屏是 Mate 的亮点吗，难道要自废武功？并不是这样的，其实我们推出这款手机，是为了让更多消费者体验到华为产品的极致性能。

这得先从用户习惯说起，全世界除了华为，所有品牌都是小屏比超大屏卖得好。从这个角度讲，大屏手机其实仍是个细分市场，消费者的主流倾向还是小屏。比如国内许多女性消费者，都觉得 Mate 太大了，拿在手里不方便。西欧地区 Mate 系列一直销量不理想，重要原因之一是欧洲人嫌 Mate 屏幕大，不符合一贯的使用习惯。

所以我一直有个愿望，希望能有更多的消费者愿意去使用 Mate，把好的体验带给不同消费者。于是规划 Mate 9 时，我提出同时开发 Mate 9 Pro，屏幕采用最主流的 5.5 英寸屏，其余各项规格则与 Mate 9 相同，瞄准顶级产品。

别小看只是把屏幕从 5.9 英寸缩减到 5.5 英寸，对于寸土必争的手机，0.4 英寸会让手机设计难度呈几何级增长。最简单的例子，尺寸减小了，Mate 9 使用的 4000 毫安电池就放不下去，用户的续航体验就会下降。我们对 Mate 9 Pro 的设计要求是减尺寸不减规格，如果做不到业界领先水平，不能给消费者带来极致体验，还不如不做。兄弟们最后发力，一点点去抠细节，终于把电池容量从 3700 毫安时提升到 4000 毫安时。

设计难度的增加，意味着成本的增加，为了在更小空间内完成相同布局，Mate 9 Pro 使用了成本更高的柔性屏。华为终端管理团队多次要把这款手机"毙掉"，原因就是成本太高，无法提供给消费者合理的价位。可我很坚持，对于 Mate 9 Pro，我希望它能给我们带来更广泛和更高端的消费者，所以宁可利润薄一点也要坚持做下去。有次开会时，我和团队成员开玩笑说："Mate 9 Pro 要成为这样一款手机，只有因为嫌贵不想要的，没有觉得产品不好而不想要的。"

Mate 9 Pro 最终定价 4699 元和 5299 元，我个人认为，它的意义更多不是体现在赚钱上。小屏手机还能保持大屏手机的性能和续航，这向外界展现了华为强劲的研发实力；同时，它拉升了华为手机品牌，让更多高端消费者接受了华为，让大家知道，华为的品牌是足以承载更高端的手机。Mate 9 Pro 上市后我们做过用户调研，Mate 9 Pro 的确是吸引高端用户比例最高的产品。

从 2013 年 Mate 第一代上市，到 Mate 10 系列，短短 5 年，我们推出的 6 代共 10 款手机里，有的市场大热，有的不尽人意。单款手机能否成功，牵涉的因素非常复杂，是必然性和偶然性的结合，我们也还在一直摸索。但纵观整个 Mate 系列，我们可以骄傲地说，能取得今天一点点成绩是必然的，因为无论我们摔过多少跤，每次站起来时，目光始终盯着一个方向：看，我们的消费者在那里！

（文字编辑：张钊）

北极圈边的坚守

作者：舒建珍

时光如白驹过隙，未曾想我在华为的职业生涯，有八年都在冰岛度过。当年还是毛头小子的我，如今已是一个孩子的父亲。青春虽逝，激情尤在，没有轰轰烈烈的故事，我只想拾起片片回忆，珍藏留恋。

缘起：踏上冰岛

我是相信缘分的。2007年8月，参加公司大队培训时，我拜读到总裁任正非的文章《美丽的冰岛》，让我对这个北极圈边缘的国度心生向往。大队培训后，我被分到长沙代表处 BSS（Business Support System，业务支撑系统）开发部海外项目组。不久，项目组让我去中东某国支撑项目。也许冥冥之中自有天意，就在办理护照之际，由于冰岛项目组缺人，我临时被抽调到冰岛救急，从此与冰岛结下了长达八年的不解之缘。

2007年12月，寒冬时节，入职不到四个月的我，踏上了去冰岛的征程。当时心情有些复杂，既激动又害怕，激动的是，终于实现了梦寐以求的出国梦；害怕的是，不知道自己能否胜任这份工作，毕竟语言沟通、系统不熟，这些对我来说都是巨大的挑战。

临近冰岛，飞机穿行于朵朵白云间，远处深蓝的天空，格外纯净，这让我紧张的心情得以短暂放松。冰岛接近北极圈，其首都雷克雅未克更是全世界最北的首都，早闻有极昼极夜现象。下午 3 点抵达，天早已黑了，我终于感受到了传说中的极夜。

与客户携手共进

刚到冰岛，项目正处于友好用户测试期，由我与另一位同事接替中方的交付员工，负责 CBS（Convergent Billing System，融合计费系统）、PRM（Partner Relationship Management，运营商伙伴管理系统）、Mediation（适配层）等网元的维护。CBS 是整个 BSS 系统的核心，是客户收入的来源，当时设计灵活但问题颇多，资料少、难以维护。客户称它为"Monster"，意思是什么都能做的怪物，就是不能驾驭。我每天抱着电脑处理各种系统问题，为了配合国内时差，加快问题处理速度，经常在冰岛的凌晨，也就是国内上班时间和同事远程讨论问题。遇到重大问题，通宵也是常有的事。

有次项目组聚餐，我刚准备用餐，就接到客户的电话通知，有用户充了值但打不通电话，需要立刻处理。我放下餐具，找服务员要了一个小房间，通过手机共享上网接入客户系统处理。等问题处理完，聚餐早已结束。

还有一次过圣诞节，刚开火炖啤酒鸭，客户打电话说 WISG（Wireless Integrated Service Gateway，无线综合业务网关）出现问题，不能上网。我十万火急地驱车前往机房，因走得太急，忘记关火，回来时啤酒鸭已经变成烤炭鸭了，万幸炉灶是钢化玻璃做的，才未造成危险。

另一次回国休假，刚好赶上出账期，当时系统存在一个隐藏比较深的问题，会出现会话死锁、内存溢出，轻则话单写入延时，重则导致所有话单丢失，所以客户出账时需要我人工协助处理该问题。而我在农村的家中没有宽带，只能去镇上订了两天酒店远程处理，与客户一起完成出账（运营商最终用户的话费账单）。

我们就是这样践行"以客户为中心"的，发现问题，立刻响应。虽然有时很累，但付出是值得的。正是由于我们的出色表现，客户对华为更加信任，连续签了三年的计费协维合同。2011年，双方又签了长达五年的总体（无线＋核心网＋业软）维保合同。2015年年底再次续签，华为成了客户事实上的独家供应商。

彼此信任，携手共进。客户的业务也发展得顺风顺水，从2007年初创立的一个小公司，成长为如今的冰岛第二大移动运营商，数据业务也发展得如火如荼，网络流量占比60%。当然，这种成功，除了华为的支持，还有一个重要因素是客户开放的企业文化。每周客户高层都要和所有员工在餐厅一起开例会，说说业务进展，遇到问题大家群策群力，胜利的果实与大家分享，优秀的事迹及时表扬，所以他们的员工干劲十足，充满活力。

此外，客户对我们也非常照顾，为我们免费提供办公室、赠送水果还有电影票。我们就像一家人一样，为了一个共同的目标一起努力。每每看到客户取得一个又一个的胜利，我都非常自豪，因为我也是其中的参与者。最让我感动的是，2015年6月，客户CIO为了感谢我的八年坚守，还提出把即将上线的CBS新系统命名为"XiaoShu"（小舒），以纪念我将要出生的孩子。

欧洲的"艰苦国家"

　　冰岛位于欧洲最西部,素以美丽纯净著称,境内八分之一面积被冰川覆盖,还有两百多座火山,特殊的地质、地貌吸引了无数观光客。但长居于此会发现,这里气候寒冷,即使到了"最热"的夏天,也要穿上秋装才能保暖。同事常调侃,一年到头一件羽绒服足矣!

　　冬季的极夜,暗无天日,一天经历"四季",早上阳光明媚,转眼刮风下雪是常事儿。海风凛冽刺骨,路面冰冻,出行十分不便。有一年地区部交付副总裁到冰岛拜访客户,就在离开时遇上了暴风雪,导致机场高速封路、航班延期。

　　相对于气候的恶劣,生活上的诸多不便才是最难克服的。吃饭是最大的问题,没有食堂,只能自己做饭;公交不发达,只能周末去买菜,常常拎着一周的"口粮"顶风前行,特别在雨季的时候,一不小心便成了落汤鸡。

　　冰岛食物品种单一,蔬菜水果的种类屈指可数,而且物价偏高。有次和同事讨论,和国内物价相差最大的是什么,得出的答案是豆腐——国内一块钱的豆腐,这里能卖到五十块!由于上班的地方离宿舍较远,中午为了节省时间,我一般是头天晚上做两份饭菜,留一份第二天带到办公室当午饭吃。就这样,这种剩饭连续吃了好几年。

　　理发也不是件容易的事。贵就不用说了,由于人口稀少,当地理发师水平只能算业余,除了平头,稍微复杂的发型都不太搞得掂。更困难的是沟通,我们说的和理发师理解的总不在一个频道。为了解决这个难题,我只能从国内带些理发工具去。头几年,同事可以相互理发,从生疏到熟练,还真不比理发店剪得差!到 2012 年,中方就只剩下我一人孤军奋战了,只能自己对着镜子慢慢剪,日复一日，造就了给自己理发的独门绝技。

2008年，有领导来冰岛拜访客户，顺便找我们几个中方员工访谈，说到冰岛如此艰苦，有要求尽管提出来，有机会可以让大家去其他国家放松一下，休个假。当时好感动，有领导的关怀，同事们工作热情高涨，但事后我们并没有这么做，我们觉得冰岛并没有那么苦。

执着的坚守

2008年6月，项目正式转维护，我们与客户签订了现场协维服务与维护合同，共有四人负责项目的系统维护。项目维护经理老陈负责客户沟通，我和小康负责协维，波兰人Michel负责数据业务的维护。

最初还是挺热闹的，我们会经常一起去泡温泉、聚餐、玩扑克，日子过得不算单调。后来人渐渐就少了，第一个离开的是老陈，不到一年就走了，第二个离开的是帅小伙Michel，他走后，又来了位同名的Michel，工作了大半年就因为无法忍受和女友两地相思而离职。小康作为同组里唯一的女生，在经历和男友长达五年的跨国恋之后，也回到国内做了产品服务工程师。

所以，在冰岛，要想长期留住其他国家的员工是很困难的。我们也尝试过在冰岛招聘本地工程师，面试了好几个，最终还是以失败而告终。冰岛人口才三十万，在职的就不多，干通信这一行的人就更少了，所以在没人接替的情况下，我只能留下来，一待就是好几年。

而让我印象深刻的还有一件事。2013年5月，东北欧地区部总裁鲁勇来冰岛拜访客户，这是我第一次见到他。他在了解我的实际困难和客户对我的褒奖后，曾多次表扬过我，还在地区部年会上宣传。自己的付出得到别人的认同，也更加坚定了我艰苦奋斗的决心。

相隔万里，收获爱情

常驻海外的华为人由于圈子比较小，工作比较忙，往往很难有时间和机会谈恋爱。眼见同学朋友相继报喜，我心里难免失落。

那时的我，每年回国也被安排相亲，但大都不如意。也许缘分天注定，我去见了一位聊了两年的网友，两人相谈甚欢。回到冰岛后，我们常常聊天到忘记时差，从此孤独的守望者不再孤独……

2012年，经过了几年的异地恋后，我们领证了。我也就此"脱光"（脱离光棍）。那一刻，我是幸福的，我既有喜爱的工作，又有漂亮贤惠的妻子，还有什么遗憾呢？当然，现实也是"骨感"的，婚后我们过着牛郎织女般的日子，聚少离多，家里大小事务都落到妻子一人身上，照顾父母、买房、装修……我远在万里之外帮不上忙，就常常在网上买些东西逗她开心。

2015年12月，女儿降临，从此我心里又多了一份牵挂。然而因为工作原因我没能陪伴妻子生产，不能不说是一个遗憾。幸而妻子不仅没有责备，还安慰我说："来回一趟不容易，就安心工作吧！"

再次缘聚冰岛

2013年，公司开始推行远程交付。华为罗马尼亚全球技术支持中心开始具备承担CBS维护的能力，我将手中的维护工作转交出去，投入到地区部的交付工作中，其间到过丹麦、瑞典、捷克、罗马尼亚几个国家，由于有之前的知识储备，项目做得还算顺利。

2014年11月，因为冰岛CBS系统与短消息中心需要升级，我

幸福

被售前同事及客户点名去交付该项目。一是我对现网络熟悉，二是多年的沟通与相处，客户对我十分信任。就这样，离开一年后，我再次踏上冰岛这块净土。

而今在冰岛的项目已接近尾声，带着浓浓的眷念与不舍，我即将离开这个带给我爱情、婚姻、家庭的国度，也许再不能体会到一个人无助时，只能遥望星空、辽阔的冰天雪地、广阔海洋的感觉了。

繁华都市，花花世界，再也没有像冰岛这样宁静祥和、远离尘世的国度。八年的守望即将结束，我也将投入到地区部其他项目。但在冰岛经历的一切一切，已融入我的生命与血液中，成为我继续前行的动力，也是我人生中最难忘的一份记忆和财富。

（文字编辑：肖晓峰）

心跳墨脱

作者：王文征

进入西藏墨脱开局，是我生命中一次神奇的经历。作为西藏电信扩容五期工程的一部分，2004 年，为国内当时唯一不通公路的墨脱县开通卫星传输基站的任务，落到了我的肩上。有幸成为第一位走进西藏"高原孤岛"——墨脱县的华为员工，心里充满了使命感和自豪感。

神秘的高原孤岛

墨脱位于西藏东南角，是雅鲁藏布江大峡谷腹地的一处神奇圣地，面积三万多平方公里，平均海拔只有一千多米；是西藏高原海拔最低、雨量最充沛、生态保存最完好的地方，却未开通公路。20 世纪 70 年代，波密到墨脱曾修过一条 144 公里的简易公路，但次年雨季就被冲毁了。当地政府每年都在修路，但每年都被塌方、泥石流毁掉，从未真正修通过。进去过的外地人少之又少，人力背运是墨脱唯一的运输方式。雨水、雪山、原始森林、山泉、瀑布、门巴村寨、背夫、马帮、驿站的大通铺、进出百余公里的徒步小路，还有传说中的

扛着设备到墨脱开局

塌方险途、雪崩……这一切的一切都为墨脱蒙上了神秘色彩。

接到开局任务书后,初始的兴奋变成了紧张和担忧。进出墨脱需野外徒步行走八天,一路上的塌方、滑坡、泥石流、蚂蟥、毒蛇几乎要把我吓退。

我忽然记起多年前看过的一段名言:"人的一生应当这样度过:当他回首往事的时候,不会因虚度年华而悔恨,也不因碌碌无为而羞耻……"是啊!人生只有一次,没有多少人能有机会进入墨脱,而我却有幸能够"心跳墨脱"一把,这不仅是对大自然的征服,也是对自己的挑战。

独自一人担起进墨脱开局的重任,肩上的压力真大。从点货起我就很谨慎,在墨脱这样一个交通不便且有通行季节限制的地方,即使是差一颗螺钉,全县城可能也找不到。

2004年6月10日,一切就绪。所有设备都做了防水包装,我打好包准备让背夫背运。我仔细研读了所有开局和维护文档,对开局流程和安装注意事项更是格外留意,在谭大气和高长城两位老师的悉心指导下,基站与卫星传输的初步调试成功,也让我对此次开局信心十足。

第一天:启程
——从八一镇到派乡转运站

2004年6月11日,八一镇林芝电信大门口,早上7点,我搭上运送设备的大货车驶出了八一镇,墨脱之旅由此启程。

墨脱开局工作组由六位成员组成:团长次仁扎西、副团长拉巴加布、老曹、老王、小张和我。一路上我们讨论起开局的工作和墨脱的奇闻轶事，时间也就不再难熬。

到达距离派乡乡政府所在地四公里的派乡转运站时，已是正午12点。提前三四天从山里赶来的六七十个门巴族背夫已等候多时了。

登记好背夫的名字，开始分货，让我吃惊的是，背夫中有为数不少的女性。背夫是一支极其特殊的运输队，也是墨脱人的生命线，粮食、药品，包括盖房用的钢筋、水泥、铁皮，以及许许多多生活用品，都是背夫们按件论斤一步步翻雪山、过塌方、穿峡谷背进去的。

货物的背运费是按重量计算的，分好货物已是下午4点。傍晚，海拔7782米的世界第15高峰——南迦巴瓦峰，在夕阳的余晖下少有地露出了羞涩的面容，一行人顿时兴奋起来。

晚上的送行会上，大家喝着酥油茶，兴高采烈地高声歌唱，团长次仁扎西的一曲《珠穆朗玛》更是技惊四座。送行会上强调最多的就是安全问题，林芝电信网络部主任罗布也再三嘱咐，安全是第一位的，然后才是完成任务。罗布年轻时曾进过墨脱，在大雨中泡了九天，十个脚指甲全掉了。

第二天：翻越多雄拉山
——从派乡转运站到拉格（18km）

2004年6月12日，早晨7点刚过，两辆货车一前一后向着多雄拉山出发了。山路异常艰险，全是石头，颠簸得厉害。货车在山坡上盘旋而上，几次近180度的转弯，都要停车、倒车、再打轮启动，每次我都心里一紧。货车一路怪响着向上爬行，快到松林口时只听"嘣"的一声，司机师傅叫了一声"不好"，停车下去一看，前轮钢板断了。

进墨脱的徒步之旅提前开始了。背夫们纷纷下车，背上货物，向着多雄拉山顶进发。浩浩荡荡的队伍行进在山路上十分壮观，我看着背夫们被货物压弯的腰，深感不易。

走了半小时左右，山路开始陡峭起来。沿山谷流下来的溪水敞开了流着，溪水冰凉，是多雄拉山口融化了的雪水，已经分不出哪是路哪是河。随着海拔的升高，呼吸越来越急促，心跳得厉害，脚步也沉重起来。快到山顶时风很大，身上冷冷的，雪雾也起来了。头开始晕晕的，耳朵隐隐作痛。

上到海拔4000米，地面出现了大片积雪，路越来越不好走，雪地上只有一条黑色的痕迹，显示这是小路的方向。路面已经被踩硬，走在雪面上可不能偏离这条黑色的标记，否则一旦在陡坡处滑倒，就会沿着雪面高速向山下滑坠，后果不堪设想。爬上最后一段陡坡，雪面开始开阔起来，多雄拉山口就在眼前！

海拔4200米的多雄拉山，我征服你了！

翻越雪山

下山的路依然陡峭,山路上碎石密布,天开始下起雨来。深一脚浅一脚蹚过没过脚面的冰水,使得双脚已经麻木。不过氧气变多了,呼吸也正常起来。脚下的石头折磨着湿透的双脚,每走一步,脚指头和膝盖都痛得不行。现在总算明白了,为什么那么多人把脚指甲留在了去墨脱的路上。

下午2点左右,在雨中走到腰酸背痛、两腿踉跄时看到了营地升起的烟火,我们到达了第一天的宿营地——拉格。拉格营地海拔3200米,由木头和塑料布搭成的房子就是宿舍。钻进房内,看到早已赶到的背夫们围坐在火旁喝着藏茶。掀开一块塑料布,木板搭成的大通铺上被子潮潮的,我累得筋疲力尽,管不了那么多,一下躺了上去,感觉全身都在痛。在城市里待久了,缺乏锻炼的身体真有点吃不消。身上全湿了,躺了一下就感到全身发冷,我赶紧起来挤

沿途住宿

到炉火边烤衣裤鞋袜，在后面几天行程中成了每天必做的一件事情。

打开背包看见笔记本和装箱单已打湿过半，不由得担心起了公司的设备，赶紧叫上向导香噶书记去各处看了看，得知货物外包装均无异样后，才放下了心。

夜晚，裹在潮潮的、满是烟火味的睡袋中，望着雨水打在屋顶的塑料布上又成股流下，人很快安静下来，沉沉地睡去。

第三天：被蚂蟥赶着走
——从拉格到汗密（28km）

2004年6月13日7点，我们由拉格营地出发，目的地是汗密。

全天都要在原始森林里穿行，路上一会儿是水，一会儿是稀泥，中间泡着大小不等的石头，大的像冬瓜，小的像拳头。开始还在石头上蹦蹦跳跳地行走，可是没过多久，我们就感到疲惫不堪，也不管是否在泥里水里了，深一脚浅一脚地匆匆踩水而行。

此时此刻，我才深深地理解了"墨脱路难行"的含意。

两小时后到达大埃洞，吃过方便面，用白酒揉了揉脚，坐下休息的时候，向导香噶告诉我们："下面开始就有蚂蟥了。"从没见过蚂蟥的我们都很紧张，紧紧地打上绑腿，戴上手套，谁都顾不上热。

约一小时后，在一个树叶较少的开阔地休息时，看到了第一只蚂蟥——一种吸血的黄黑相间软体动物，尾部吸盘吸在路边的树叶上，长长地伸出头，等待着猎物的到来。

大家很惊奇，全围过去观看，拍照。我退到路中央，卷起袖子看表，一看之下，顿时大惊失色，一只黄黑相间的大蚂蟥正鼓鼓地吸在左手腕上，不停地蠕动，渐渐变大，鲜血流在手腕上，真是触

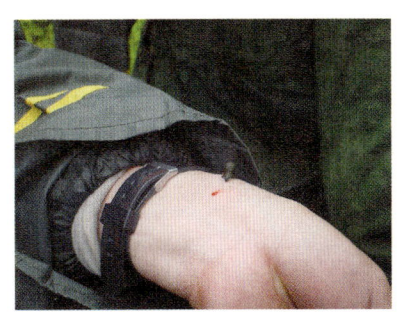

我被蚂蟥咬了

目惊心。我大叫了起来："啊！我遭蚂蟥咬了！"大家都愣愣地看着我，没反应过来。我又大叫了一声，大家这才惊觉事情严重，围了过来。让我哭笑不得的是，小张大叫了一声："先别摘，让我拍张照片。"以此制止了来给我取蚂蟥的香噶书记，我忍住疼留下了这张珍贵的照片。拍完照后，香噶书记赶紧用一把盐把蚂蟥弄了下去。

后面路上的蚂蟥更多。道路两旁的草和树叶上全是蚂蟥，每走一会儿，鞋子、裤子上都可以发现有大大小小一二十条蚂蟥。蚂蟥在打了绑腿、裹着雨裤的腿上找不到地方下口，就沿着衣服往头部爬，有的甚至爬到了快到脖子的地方。可恶的蚂蟥！大家都紧张得有点敏感，身上一有点痒就赶紧停下，看看是不是有蚂蟥。人恐惧到极点时，反而可以坦然面对了。再发现有蚂蟥爬到身上，我干脆用手把它们一个个拔下来搓了又搓，再把它弹掉。

路好像长得没有尽头，一路被蚂蟥赶着走。下午5点，终于到达汗密营地，看到一排掩映在树林中的木板房。木板房周围的草丛、树丛中藏满了蚂蟥，这就是我们今天的宿营地。木板房门前格外壮观，我们一行六人，在门口坐了一排，点着烟，抓着盐，脱下鞋、裤、外衣查杀蚂蟥。几番检查，我在衣裤上找出了二十多条蚂蟥，将其尽数干掉，才敢进屋。木板隔开的小房间内有两张木板床，我和老曹同住一屋，床上黑黑的被子散发着霉味。两个人坐在床上，左瞧右瞧，生怕又发现蚂蟥。一路上虽只下了点小雨，但闷在雨衣里的衣服早已被汗水湿透，身上冰凉，坐到火堆旁，烤了起来。简单的晚餐后，再次仔细地检查了床铺和睡袋，用白酒揉了揉疼痛的双腿，躺到床上。年近四十的老曹疲惫不堪却自我解嘲道："这哪是干工作啊，简直是玩命嘛！"他的话惹得我哈哈大笑。不过今天却是过得很单一，我只是望着脚下的路走着，忘记了看风景，也忘记了思考。

第四天：穿越原始森林
——从汗密到背崩（36km）

出发几天来运气都还不错，下了一夜的雨都是第二天一早就停。7点刚过，我们六人踏着下了一夜雨的泥泞路出发了。三个小时左右，我们到了老虎嘴路段，以前这里十分险要，小路在崖壁上凹凿进去，像老虎的嘴，一不小心就会滑落崖下，现在路面已经凿宽近一米，相对要安全些。溪水在栈道上流成了一道道水帘，从头淋到脚，又顺着栈道淌到岩下的深渊中。我们不敢大意，六人小心地排成一队，保持着一定的距离，靠着岩壁一侧缓缓走着。

通过老虎嘴，汗水、溪水已经湿透了全身。后面的山路一会儿上到山顶，一会儿下到沟底，途中跨过好几座钢索桥，一直在原始森林里穿行。为了防蚂蟥而撒在鞋里的盐被泥水泡成了盐水，腌得已经打泡磨破的脚钻心地疼。两个膝盖也隐隐作痛，到下午小腿已经酸痛得抬不起来。

随着海拔的下降，从寒带气候进入了亚热带雨林气候，海拔从4200米下降至1000多米，天气闷热，水壶里的水越来越少，喝进去的水随着汗水又流回到地面。一路都是亚热带的风光，满山满眼的野香蕉树，在西藏，只能在这里看得到香蕉树、吃得到新鲜的香蕉。

可惜不是香蕉成熟的季节，我们也只能流着口水，望树兴叹了。

太阳毒毒地照着，温度越来越高，穿着雨衣闷得像洗桑拿，因为害怕蚂蟥又不敢脱下，汗水顺着后背一直不停地流。路却没完没了的长，水壶里的水早已喝光，大量流汗后体力严重透支，我嘴唇干裂，只能靠着毅力坚强地向着似乎永远也无尽头的前路走着。当远远望到快到背崩的解放大桥时，我不知是激动还是伤心，直想哭。

晚上 8 点半，在原始森林中穿行了十三个小时后，我们终于到达了第三天的宿营地——背崩乡。大家筋疲力尽，清理着漏网的蚂蟥，瘫坐在了背崩乡政府招待所的木板楼梯上。我用随身带的北京二锅头处理了一下在泥水里泡了近八个小时的伤口，伤口已经发炎，又红又肿，钻心地疼。

第五天：终于到了
——从背崩到墨脱（33km）

一早起来，疼了一晚的伤口流着脓，张着大口子，疼痛无比。真想休息一天！为了能和大家一起准时到达，扎西和加布为我在村里雇了一匹骡子。刚好第四天的路沿雅鲁藏布江边一直到墨脱，稍显平坦，这是唯一能骑骡子的一天。老曹年近四十，还要继续步行，而我却骑到了骡子上，感觉真不好意思。

昨天夜里还下了一场雨，早上天已放晴，太阳足足的，像是要把几天来的阳光一股脑地倾泻下来。路上还是湿湿的，走了不一会儿，大家脚上就沉甸甸的，全是泥巴，老曹笑称足有三斤重。我走不了路，看队友们在烈日暴晒下吃力地走着，速度越来越慢，我也只能帮忙背背水壶，稍微减轻点他们的负担。

晚上7点半,我们爬上了最后那条长长的大坡。太阳的余晖正照着美丽的墨脱县城。一行六人热烈地拥抱在一起,百感交集,这就是梦中的墨脱啊!大家发疯似挥舞起手中的帽子、拐杖,自豪地宣布:"墨脱,我们来了!"

墨脱电信局局长尊珠已经为我们准备了丰盛的晚餐,苦尽甘来的我们尽情地享用着。这顿饭,是我有生以来吃过的最香的一顿。

墨脱开局

开局的过程中,当地老百姓表现出了极大的热情,因为墨脱整个县城只有四路电话可以通过卫星打出,基本是只能打入,不能打出,通信极不方便。在工程安装期,很多当地人就已经开始踊跃购

安装天线

在华为基站内

买手机。看到他们期盼的神情，我顿时觉得身上的责任更重了。墨脱县委书记也几次到机房来询问进展，问我什么时候可以开通。

设备在背运进来时，一路下雨潮湿，我仔细检查，没有进水现象，但单板还是潮潮的，晾了半天，又用电吹风吹了两个多小时才敢加电。两天后完成安装，调试完开通时，已经放号170个。由于背运进来的手机数量有限，且购买者众多，出现了供不应求的场面，林芝电信局已经重新组织背夫背运了。

墨脱站对我来说，是第一次开局。我没有经验，开卫星传输的小基站，公司以前也没有经验，调试时压力很大。在联系不便、得不到更多援助的情况下，通过自己的努力，从6月18日晚上10点到6月19日早晨5点20分，我先与卫星工程师配合，调通了卫星传输，在近端做了单板升级，打开卫星传输模式参数，在拉萨同事的配合下，终于为墨脱开通了基站。

站在基站下面，从墨脱拨出第一个电话时，我心里无比激动。

作为一名华为人,进入高原孤岛墨脱,为在艰苦条件下生活的墨脱人民做了一点事情;作为一名新员工,第一次开局成功,自豪感和成就感包围了我,我兴奋得一晚上睡不着。

走出自己的路

墨脱成功开局完毕,在从派乡进墨脱路上受尽折磨的大伙,全都不想原路返回,都希望能从波密走出墨脱,从而不为墨脱之行留下任何遗憾,但选择从波密 80K 方向走出墨脱,对所有人来说都是一次冒险。这条路地质结构复杂,塌方、泥石流随处可见,道路艰险超过了派乡方向。由于天气还不错,在经过大伙投票、好不容易说服罗布主任后,大伙决定冒险走一把 80K。能平安走出墨脱,天气帮了我们

开完局,回来的路上

不少忙，总是晚上下雨、白天天晴。也许是老天看见我们为生活在艰苦条件下的墨脱人民做了一些贡献，所以对我们格外照顾吧。

　　经历四天144公里塌方区内的艰险跋涉，我们到达了波密县城。躺在宾馆的床上，我想起墨脱路上原始森林里穿行、宿营的八个日日夜夜，想起背负上百斤货物走在充满危险路上的背夫和他们艰苦的生活环境，心里难以平静。生命是那么渺小，又是那么宝贵。想一想墨脱路上那些曾经因为塌方、雪崩而逝去的人们，与他们相比，我的生活是多么幸福啊，有理由去好好工作，好好对待家人和朋友，去珍惜现在的一切有意义的生活。

　　回到拉萨，闭上眼睛，我脑子里依然是去往墨脱的路上，那走起来似乎没有尽头的路，那紧咬牙关、凭意志力走过的路。墨脱路，其实根本就不叫路，只不过是大家都从这里走过而已。人难得的是走自己的路，哪怕艰险，哪怕苦难，走非一般的路，才能有超乎寻常的感受。

　　有时我想，在生活中加入一点点的刺激，不就会更加丰富多彩吗？走进了墨脱，虽然没有像哥伦布发现新大陆那样巨大的发现，但我却看到了，在一个完全不同的环境下生活着的人们，他们辛劳耕作，顽强生活。

　　有时我想，旅途中出现几处塌方区，不就是更加告诫自己，要珍惜脚下的路吗？拥有的要爱惜，追求的要努力。旅途上既有花开，也就会有花落。既有坦途，也会有险阻。就像这墨脱的路，只要不怕艰险，只要努力向前，不也就走过去了吗？不论以后的人生道路有多么长、多么坎坷，我相信我都能够勇敢地去面对。

　　有时我想，如果还有机会进墨脱，我还是会去的，因为墨脱的路已经在我的记忆里写下了深深的一笔，使我终生难忘。

（文字编辑：王鹏）

我在震中

作者：松本安文

2006年1月，当我从通信翘楚 NEC 和 NOKIA 来到名不见经传的华为时，亲戚朋友们大概都觉得我疯了。

那时，华为日本子公司刚成立，尽管"大手笔"地在日本最贵的办公区域——大手町，租了个一千多平方米的办公室，但日本社会还不知道华为是哪个国家的、是做什么的，哪怕是通信行业的人，对华为的了解也很有限，甚至连"华为"这两个字的发音都发不准确。

很多人问我为啥要来？其实，我的想法很简单，就觉得，从零开始是一件很有趣的事，如果我们做不好，公司就会散掉，从某种意义上来说，这是检验我个人能力的极好机会，为什么不抓住呢？

当时的日本代表处代表阎力大说："那个时候愿意进华为的人都承担非常大的风险，是一起出生入死创业过来的人，我很庆幸能成为其中一员。"十年后的今天，作为本地员工中最"老"的那一个，我为当初自己的抉择而骄傲。

和客户一起，拼命把事干成

很幸运，我们遇到了千载难逢的机会——日本政府为鼓励竞争，发了三张新牌,"新晋选手"E运营商举手要到了新牌,希望找到有拼搏精神的公司一起合作。华为进入了其视野。

尽管基因与之相合,但华为在日本市场才刚起步,E运营商将信将疑:你质量行不行啊?我的命可都要拴在你身上,你不行我就完了!其实,那时我们早横下一条心:聚焦E运营商这个客户,拼了命也要跟他一起把事干成。

这个公司的创始人之一是香港人,英文非常好,阎力大和他沟通得十分顺畅。有一个周末,他开车载阎力大去一个餐馆,阎力大跟他详细分析了整个无线市场的发展趋势、作为新的运营商的真正痛点、华为能提供的解决方案,向他推荐了分布式基站。听完以后,客户一拍桌子,兴奋得像抓住了救命稻草:"这就是我在找的东西!"

接下来,我们带着客户参观华为总部、样板点……经过艰辛的拓展以及半年多一波三折的合同谈判后,2006年6月,我们和E运营商签订了合同——华为真正进入了日本市场!

刚进公司才半年,我就品尝到了胜利的果实,真是振奋人心啊!我想,既然只有E运营商认同华为,给我们机会,那就要想方设法把手头的事情做好,做到极致,真正成就客户。我一周大约三到四天睡在公司,有时候中饭也顾不上吃,还有过一次三天两夜一分钟没睡,所有人都干得特别起劲。

都说日本人讲团队合作,中国讲求个人英雄主义,但这么相处下来,我却有了不同的认识:华为人伙伴意识也很强,大家朝一处使劲,一起把事情做好。还有,做错了事,华为人首先强调要自我反省、自我批判,这一点和其他企业很不一样,我很欣赏。

撤，还是不撤？

让我更骄傲的是公司在大灾面前的表现。

2011年3月11日14时46分，日本东北部海域发生里氏9.0级地震并引发海啸。那一刻，我们正在距离东京100公里的热海开会，感觉"咚"地被震了一下。面对地震，大家都很镇定，直到看到电视上触目惊心的画面：15时25分，海啸到达陆前高田市海岸；15时26分，海啸到达陆前高田市中心；15时43分，陆前高田市依稀只能看到四层高的市府大楼的屋顶，一瞬间，城镇就变成了汪洋……对我来说，地震跟家常便饭一样，可眼前的灾难比以往任何一次都要惨烈，完全超出了我的预期。

我急急忙忙从热海往家赶，不停换车换车，折腾了一路，到了家附近，发现很多房屋都倒塌了，受灾很严重。我一把推开家门，结果空无一人，心头一沉：怎么回事啊？人都上哪儿去了？我赶紧打电话给老婆，电话那头传来周围喧闹的声音，老婆说，因为停电断水，家里人都去送水车处领水了。听到这儿，我悬起的心才算放下。

不久，福岛第一核电站开始爆炸，进而引发核泄漏。放射性物质随风飘来，东京传出放射性物质超标的警告，核辐射的阴影开始在每个人心中扩散。友商有的撤到大阪，有的包飞机，连员工带家属全送到香港。动作幅度之大，让我们一些员工开始情绪不稳。

撤，还是不撤？说实话，对我们这些本地员工来说，没有地方"逃"，日本就是我们的家，能撤到哪里去呢？管理团队每天坚守在办公室，密切收集各种信息，确保信息透明。为了稳定军心，阎力大自始至终都没有离开，还让他的老婆孩子在东京坚持了很长时间。

我清晰地记得，3月15日晚上，我收到了他写的一封全英文的长信，是用发自肺腑的措辞写给全体员工的。信里他详细地说明了地震后管理层是怎么分析、怎么看的，告诉我们，华为承载着对社会的责任，应该和客户在一起，而且风险是可控的，留守并非鲁莽的决定，万一真有不可抗的风险发生，公司也有应对准备，有足够的时间可以安排大家离开，不管是中方还是日方员工，都一视同仁。我们看了以后觉得非常感动，身边的日本员工立马给他回信："我给你鞠一躬。"

后来，华为公司时任董事长孙亚芳来了。在办公室前面的空地，她把我们所有人都召集到一起，说她是代表公司来看望大家的，安慰我们说："你们要坚持工作下去，一定要注意身体。"然后她还去了实验室看望正在测试的员工。客户非常吃惊："别人都跑了，你们董事长竟然还亲自来了？"客户高层后来也知道了，特别震惊："这真是一段佳话啊！"

集团首席财务官孟晚舟不久后也来到日本代表处。听说从香港飞到日本，整个航班连她在内只有两个人，航班上的另一位乘客是一位日本人，还问她是不是坐错了。她到了以后，和我们一起回顾应急计划执行情况，讨论灾后重建的工作安排，包括客户网络的抢修。

过了一段时间，公司为了打消大家疑虑，把家属以及非核心项目的员工都送到了大阪，本地员工也一样，但正在参与项目的四十多个核心成员一个都没走。

这段日子，我们不是一个人在战斗，无论是中方员工还是本地员工，大家都拧成一股绳，哪里出问题了，有危险了，都有人及时伸出援手。如果说之前华为对我来说只是一家优秀的中国企业的话，那么，经历了这件事后，我很肯定，和那些有难各自飞的公司完全不同，这是一家有担当、有责任感的公司，是值得我奉献一生的地方。

"你去一定能把通信恢复"

我们最担心的还是客户的情况。由于停电、建筑物倒塌，E运营商在灾区的一些基站通信中断，我们第一时间问客户有什么可以帮得上忙的。但出于安全的考虑，客户希望先依赖自己的力量来恢复通信。尽管如此，我们在灾区派驻的工程师和合作伙伴始终没有撤出，随时提供必要的支持。接着，核泄漏危机愈演愈烈，日本政府画了个圈，谁也不让进，我们就在圈外往里送电源、发电机，把能做的事都做了。

随着后续受灾地区的电力、传输的逐步恢复，中断站点逐渐减少了13个。到了3月底，客户搜集了一些无论如何都无法解决的问题，询问我们能否为他们提供移动基站等解决方案和卫星传输方面的支持。

我们等客户这句话等了很长时间，早就希望能够为客户多做点什么，所以没有任何停顿，立马让派驻灾区的工程师到现场开始调查问题，跟他们远程沟通，确定解决问题的方案。一部分基站很快得到恢复，可只靠驻扎当地的人员还不够，剩下的通信问题都很棘手，必须派专家顶上。

考虑到客户还希望我们在灾民聚集的地方安装移动基站，为他们提供及时的通信服务，管理团队决定，立刻派出一支精英团队去支援，由一个中方员工、三个本地员工组成。我是其中一个。

去之前，我和妻子说："我马上要去灾区恢复通信了。"她一听，先愣了一下，然后自问自答道："哦，那也没办法啊，是吧？"我知道她的心里已经翻江倒海了，去灾区肯定有危险，要说不担心怎么可能呢？但在 NEC 工作的她，非常清楚恢复通信是需要专家支撑的，在这样的特殊时刻，派我们去是因为只有我们可以完成任务，没有人能够代替，所以哪怕她再怎么纠结、再怎么担心，也只是努力表现出很平静的样子，叮嘱我一定要注意安全，还给我鼓劲："我知道，你去一定能把通信恢复！"

我很感激，她理解这件事的意义，明白这是我们要担起的责任，给了我非常大的勇气和力量。

"荒漠"中的希望

出发前，我们做了周密的计划，摸清了灾区需要抢修的 40 个基站的位置，同时，紧急准备好四台应急移动通信车，以便在灾民聚

满目疮痍的陆前高田市

集区新建移动基站。

4月5日傍晚,我们从东京出发去仙台,心情很平静,只想着尽快去现场恢复通信,很多人等着用,越快越好。中间有一段高速公路需要穿越福岛县,距核电站仅五六十公里,辐射测量仪测出辐射值是东京的20倍,频频发出警报。为了不受影响,我们把警报声改为震动,继续向前走。

第二天,我们到达了受灾最严重的地区——遭地震蹂躏后又被海啸席卷过的陆前高田市。下了高速公路,只见田地成片,房屋安好,一切看起来都那么平静祥和,这明明就和之前一样啊?灾难真的来过吗?可再往里走一公里左右,面前突然一片开阔,所有的住家都消失了,映入眼帘的是满目疮痍——大海吞噬城镇后的各种残砖碎瓦堆积在一起,到处都是损毁的房屋、汽车,有些房子甚至被撞到铁塔上面,完全变形、拧结为一体,空气中弥漫着一股刺鼻的腐烂味道。这幅景象真是说不上来的悲凉,整个家园一夜之间就这么消失了!

所有的桥、铁路线、公路都遭到了破坏,进入灾区后唯一能通行的路是自卫队临时清理出来的,非常拥堵。我们想了很多办法终于到达山上高台上的基站,寒风针刺一般迎面扑来,"飕飕"地只往我的脖子里、头发间灌。从高台望向远方,房屋都倒下了,就剩钢筋还在孤零零地矗立着,整片土地如同荒漠一般,没有一点点生命的气息。你说,我们努力恢复基站还有什么用啊?没有人用了啊,没有人了啊!

吹了半天冷风,我的心情平静了一些,思绪恢复了理智——还有很多灾民等着打电话寻求帮助、获取安慰,哪里有时间去伤心难过呢!

自制移动基站

这里的受灾情况特别严重,没有设备,我想到用吊车把天线架升上去,让天线朝着避难所的方向,通过卫星连接数据中心进行通信。4月7日,我们新建了第一个移动基站——大船渡站点,从安装调试华为设备,到安装卫星接收站、天线,总共花了半天的时间。到了傍晚,终于调通了。虽然移动基站看起来很简陋,但灾区人民总算可以打上电话了!

这天,回到宾馆已经晚上10点多了,因为第二天一早还要调试两个移动基站,我们四个人11点多就躺下睡觉了。可过了没多久,一阵强烈的上下震动和手机的地震速报响声把我们震醒了,电源中断,应急灯亮起……高频度的上下震动,伴随着窗户、门的嘎吱嘎吱响声,一直延续了一两分钟,我甚至感觉这次余震比当时"3·11大地震"还剧烈,只能在惶恐不安中等待着。不久,震动停止,电力也恢复了,通过新闻我们才知道,这次地震震级达到六级,震中就在附近。稍稍平复下心情,我们向东京的领导打电话报了平安,就继续睡觉。

一个星期里,我们陆续帮助客户恢复了40个基站,建起了好几个临时基站。因为核辐射问题,出发前我们买了测辐射的仪器,但到了此时,大家都全然不在意了。我真切地希望,那些急需救助的人,能以最快的速度得到帮助,那些经历地震重创的人们,能给至亲的人打一通电话,问候一声"一切还好吗?",得到些许心灵上的慰藉。如果能这样,那我们做的一切就充满意义。

4月27日,我们又去了一次灾区,确认临时基站是否都能正常工作。而我们在当地驻扎的工程师在灾区一直没有撤,直到所有的基站恢复通信。

震后有人问:"你去最危险的地方,公司给了你什么样的补助啊?"其实真没有补助,但我们得到了公司的金牌奖。作为一名本地员工,能在这样的危急时刻出一份力,我的内心充满了责任感和自豪感。

几个月前,日本一家杂志社采访我,又提及这段五年前的往事。我们用行动证明了华为能够与客户同呼吸、共生死,一心一意跟客户在一起。我很高兴,自己曾在救灾的第一线努力过。

(文字编辑:江晓奕)

五星支付工匠

——14 年零差错

作者：马姐

1999 年，硕士研究生毕业的我入职华为，成为华为财经体系支付岗位上的一名员工。

从最初的"小马"，到现在新员工口中的"马老师""马姐"；从最初的支付会计到现在的资金支付最后一道审核权签人，近 20 年来，我几乎每天都在和支付单据打交道，小到几元钱，大到数亿元，已累计处理 105 万笔，连续 14 年支付零差错。

在 2019 年公司财经体系第四届"支付工匠"评选中，我有幸被评为唯一一名"五星支付工匠"。这是对我工作的最高褒奖和最大激励。不止一个人问过我，你怎么做到的？俗话说人非圣贤、孰能无过，我的 14 年零差错，其实是从两个重大的差错开始的……

两个错误换来 14 年零差错

我的第一个岗位是出纳，也就是现在的支付会计。当时我是部门为数不多的硕士，意气风发，觉得这个岗位没有什么技术含量，做出纳有点大材小用，心有不甘。没想到，一个月之内，我却接连出了两次重大差错，被狠狠打脸。

也就是这两次差错，深深地影响了我的职业生涯，即便这么多年过去，依然刻骨铭心。

当时有两个供应商的名字很像，就差一两个字，我在审核的时候没太在意，把两个公司合并在一起付了款，约1000美元。

没几天，又有一笔供应商付款。本应扣除预付款后再支付，但是我又一次没在意，没有扣除预付款，直接全额支付了，约2000美元。

在部门月度核查银行对账单时，我的这两个重大差错被发现了。当部门主管严肃地告知我时，我整个人都懵了。部门主管并没有责怪我，而是耐心地和我分析造成错误的根因，并对我"灵魂拷问"："你有没有问过自己，想不想做这个岗位呢？"

这一问点醒了迷茫中的我。我意识到是自己的心态问题：眼高手低，比较浮躁，只是把工作当作任务来匆匆完成，而不是作为自己事业的起点来用心追求，所以犯了本不该犯的错误。我自责又内疚："这个都做不了，还想啥呢？先把简单的事做好吧！"我不想带着过错离开，也非常感谢部门主管的宽容，给了我改进的机会，错付的这两笔钱后来我们也很快找供应商要回来了。

从此以后，我时时告诫自己：手头的一件小事都做不好，要做好其他的只会更难。

不管多么紧急的情况，也不管自己对付款操作步骤和审核点已经多么烂熟于心，每次支付前，我都会先在付款凭证中圈出需核对的收付款关键信息，填写票据后再逐项仔细检查一遍；同时提醒自己，这是钱，不是算术题，要平心静气，不要忙中出错，要在过程中确保每一个审核点审核到位,而不是"亡羊补牢"。在我看来,只要足够细心、专心、耐心,确保每一笔支付准确及时,数百笔、数万笔的支付就不会有错误。

完成付款的闲暇,我会把付款要用到的合同、报关单、进账单、汇出汇款申请书等资料整理好,避免遇到紧急付款时手忙脚乱。

时间似乎就在每天与数据打交道中匆匆而过,我再也没有出过一次差错。在支付会计岗位工作 6 年后,2006 年我被外派到阿根廷共享中心做出纳,后又做过薪酬核算、主管会计。直到 2011 年,领导问我愿不愿意做银行账户权签人,这是资金流出公司的最后一道闸。

华为在全球 100 多个国家和地区都有业务,一天有上万笔、上亿美元的付款,大到供应商、客户数亿的票据,小到你在园区午间散步时看到的新入池的金鱼、办公区添置的每一个盆栽、公共打印区放置的每一个长尾夹,都要经过银行账户权签审核权签后才能实现。

我很清楚,这是一个绝对不能出错的岗位。若是稍有差池,公司白花花的银子就溜走了,实在是责任重大。我能胜任吗?

过去的 5 年,我曾经尝试挑战过管理岗位,但最后发现自己更擅长和数据打交道,而且多年的支付会计工作,早就磨砺出严谨细致的做事风格。做银行账户权签人,我心里是有底的。我想,既然公司信任我,那我不仅要做,还要做到最好!

掌管 40 多枚"大印",每天盖章近 3000 次

银行账户权签岗位有一个很重要的责任就是,对付款业务盖章授权。手握财务章,如握虎符,如果授权有差错,那么造成的损失不可估量。

但当我打开两大盒 40 多个财务专用印章时,我顿时傻了眼。40

多枚印章分别对应国内不同的子公司，颜色不一，材质不同，形状各异，有牛角、铜质、光敏、红胶、回墨的，也有圆形、椭圆、方形的，还有带外壳的、不带外壳的……比如深圳的是圆形的牛角印章，成都的是方形的原子印章。我要熟练记住每一个印章的位置和标签，才能在每天面对近千笔票据盖章时，快速而准确地找到那枚需要的印章。

印章怎么盖也是一个问题，而答案只有一个：不知道！当时财务章由几名财务经理兼职分工保管，我做银行账户权签人后他们就把财务章交由我专职保管，没有一名财务经理知道所有的印章怎么盖。没有师傅领进门，修行只能靠个人了。于是我上网去查阅相关资料，发现盖章看上去很简单，其实大有讲究。比如不同材质的印章要用不同的印油，传统印泥、光敏印油、翻斗印专用墨水等；不同印章加印油的方式也不同，有每次盖印直接用印章蘸印泥的，有把后盖打开滴入印油的，有把印章倒立直接加印油的……网上还有温馨提示：切不可混用印油，否则会导致印章报废！

翻看了数天资料后，我满怀信心地拿来一张废纸试验，准备见证一个美丽图案的诞生。当手起章落后，我发现因为没找到盖章的着力点，不是这个印油太模糊，就是那个印油太少，不是桌子太硬打滑了，就是加了垫子太软变形了……尝试了一晚上，坐着盖、站着盖、弯腰盖，左手盖、右手盖、双手盖，用杂志垫着盖、用日历垫着盖……后来终于发现一个完美的盖章方法：垫着鼠标垫盖。这样练习一个多礼拜后，我自己还总结出一个盖章流程的"标准广播体操"：小小印章右手握，手掌找好着力点，左手紧紧按右手，用力向下使劲压，心中默念1、2、3。

但实践中发现，各类票据的盖章要求不尽相同，门道甚多。如银票盖章，要做到"六个不能"：不能压线、不能压其他印章或签字、不能倾斜、不能模糊不清、不能用错印章、不能漏骑缝。我把这些要求默默记在心间，然后行云流水般做完"标准广播体操"，一枚枚完美的印记就盖好了！

我开始爱上了这些美丽的印章，它们比高原的落日、湖面的清风、林间的鸟鸣还要沁人心脾。不夸张地说，我甚至看到了世界人民在打电话时的幸福微笑。

盖章不仅是个技术活，还是个体力活，更考验人的意志力和反应力。还记得在银企直连系统大规模上线之前，付款高峰时期，我每天要盖章两三千个，如果按每天工作 8 小时，保守按 2000 个来算，基本每 15 秒钟要盖一个章。

看着堆成小山的凭证，我先深呼一口气，理顺盖章单据的顺序，一般是按业务的优先级别来排序，先处理销售前端需提供的华为收款银行信息确认函等盖章需求，接着处理调拨、资金交易单据等银行有明确截止时间的资金业务，然后处理常规付款业务。银票盖章是技术活，且量最大，要放在最后压轴。盖完章之后，我都会再复核一次，确保盖章无差错。久而久之，盖章都形成了我的"肌肉记忆"。

集中付款日的时候，我通常会从早几乎一刻不停忙到晚，八九点回家吃晚饭时胳膊还抖得厉害，手腕痛得都端不起饭碗，只好默默地告诉自己："嗯，以后要练练俯卧撑了。"

跨越职责边界，为公司规避近 300 万美元损失

常有人好奇地问我，14 年都不出错，是不是因为心思缜密？

恰恰相反，其实我为人比较随性，但既然在其位，就必须严格

要求自己。权签时，我要审核所签署的材料是给公司带来收益还是损失，是否已经按公司流程完成审批和入账，银行账户权签人是否有权签署该类业务单据，审核点必须逐条核对清楚，权签动作不能出任何差错。只有长期坚守高度的职业敏感、遵从严格的流程和确保工作的高质量，才能确保资金的安全。

高度的职业敏感需要有扎实的会计基础，必须非常熟悉各会计模块，基于账务数据能对业务资料数据的准确性进行判断，敢于坚持原则。记得2016年时，某业务部门申报奖项需要盖章，在印章电子流中业务部门主管已经审批，电子流到了我这里，我发现某一项的产品销售额数据没有来源，于是刨根问底，不停追问，最终发现销售额被夸大了一倍，于是驳回了该需求。之后，我优化了财务章的操作规范，要求业务部门提交的相关财务数据需经财务接口人审核。

这些年来，我发现和主动识别前端问题总计4.79亿美元，也拦截了数次不合理和错误申报数据的用印需求。

其次是遵从严格的流程。我好奇心比较强，对流程的前因后果都要查清楚。一张单据，我经常会去探寻别人可能认为无价值的东西，不会"见山是山"，局限于一就是一、二就是二；看多了之后，往往就更容易发现一些问题。比如收款人的开户银行，会计系统里是这个银行，惯性思维会认为，那就应该是这个银行去收款。而错误往往就隐藏在习惯之中，比如一位员工的工资收款账户填写的是中国人民银行，这明显是不可能的。

在流程上即使责任不属于我，我也会去追溯。从职责要求上看，前面的流程只要是合规的，到了权签人这里就应该付款。但是作为付款的最后一级审核权签人来说，其经验范围、职业敏感度非常重要。

在我看来，责任是无边界的。我会在严格遵从流程的基础上，再从常规合理性上去看究竟该不该付款，去排除前面没有发现的"地雷"或隐患。

2013年的一天，我被告知有一笔子公司的大额付款，支付前端很着急，因为银行快下班了。流程上没有任何问题，但是我对大额付款子公司的清单却是熟记于心，这个子公司一般没有对供应商的大额付款。于是，我主动追溯核查原始凭证，一核查，果然查出了问题。这张待支付发票的日期异常，发票日期是两年前的，这笔近300万美元的单据，其实是历史遗留问题，因为供应商与公司有经济纠纷，是应该被冻结的付款。

发现问题的过程其实很简单，但是如果没有十多年历练出的敏锐的直觉，看似简单的工作也许难以做到零差错。

每个人都是一个向量，合力是最大的

做到零差错，并不仅仅归功于我个人，更多的是整个支付团队的智慧，以及公司财经变革使然。

作为一名老财经人，我见证了华为财经近20年的变革。1999年，支付中心只有十几个人，主要集中在集团业务，财经ERP系统和手工票据并行。每到月末、年末，工作量非常大，面前四五个筐，每个筐里都装满四五十厘米厚的单据，我时常会感觉自己就像被淹没在票据之中，心里有时也会烦闷，但是职责所在，随着时间的积淀，焦躁日渐蜕变为内心的平实。

而公司财经也在不断变革，通过建立标准统一的流程，逐步走向自动化、信息化，以有效的系统来支持这些流程，并利用工具和技术精简流程，以保证数据的准确。更多的"先进武器"进入支付的日常作业中，2007 年以前，支付业务还是单笔手工填写票据，银行账户权签人审核后在票据原件上签字，再由送票员送票据实物到银行，支付效率 20 笔 / 人天；从 2008 年开始，电子银行付款业务上线，支付指令可批量上传，银行账户权签人网银授权后，付款指令到达银行，效率提升至 200 笔 / 人天；自 2012 年开始，公司 ERP 支付指令直通各开户银行，支付流程简化，支付效率提升至 5000 笔 / 人天；自 2016 年至今，支付策略中心上线，各类支付规则内嵌系统上线，系统和人工双重保障支付安全，支付差错率由 2013 年的 0.00651% 降到 2018 年的支付零差错。

随着业务不断变化，对支付来说不仅仅是工作量的增加，各网银平台的操作页面、截止时间、结算规则各不相同，部分新增平台语言是英语之外的当地语言，需要逐个进行页面翻译……这些都给支付工作带来一些风险，稍不留神就会出错，操作时必须得小心再小心。

尤其是过去要求"不付错"，即收、付款人关键信息点核对准确就不会付错，但现在是要确保"付成功"！除了关键信息，每一笔付款相关的信息都要准确无误，比如手续费、付款的目的、收款人地址等字段都要核对，还有一些全球各大区域或国家有自己的特殊字段，每一个审核点都不得有误。

好在全球支付中心整个团队百余人勠力同心，分工合作，每天一次公司系统待支付数据检查、网银系统待处理及异常数据统检，不管工作到多晚，每人都确保当天所有待处理事项及时闭环。各网银平台的特殊审核点也第一时间更新在我们共同总结的操作指导"红宝书"里，每周一次例行学习刷新操作指导，共同努力来保证付款的高质量。

我被评选为"五星支付工匠",始终觉得"心里有愧"。每天逐字核对收付款信息,逐条核对是否遵从流程,这些都是职责所在,并没有多了不起。团队的每一个人都是这样做的。大到流程优化、系统上线,小到汇款附言填写、发票明确备注,每个人都全心专注于流程和细节,经常推敲、思考、讨论、分享,并在实践中不断改进,在孜孜不倦中追求付款质量的极致。

每个人都是一个向量,有大小、方向之别,但合力是最大的,正是有这种集体的工匠精神氛围,才保证了付款的安全高效。

于平凡中见坚韧

做了这么多年银行账户权签人,曾有本地权签的同事问我,你真的不烦吗?

其实,这份工作并非一成不变。公司在全球很多区域性银行或国家银行有开户,银行账户权签人需不断了解各个国家的结算规则、审核要求的同时,公司系统也在不断变化,也许这些变化很细小,但任何一个微小之变,甚至是一个字段的增加、一个小数点之差、一个授权按钮的左右之分……稍有疏忽都可能带来资金安全风险。

如今,面对每一笔付款,我仍然会依据权签业务审核点清单逐条核对,不会缺省任何一条,离开座位或下班前也会检查桌面,确保网银卡已经放置在保密柜里;班车上会仔细回想哪一点没做,赶紧给仍在岗的同事打电话确认;晚上准备睡觉了还会检查下手机信息,担心是否有紧急业务漏接听电话……简直是强迫症患者,但我想更多的可能源于我对这份职责的一份敬畏吧。

回想过往二十载,总计已经处理了数百万笔的付款,每笔付款都安全、及时付出,每笔付款都从数字变成了通信塔、光纤……公司"构建万物互联的智能世界"的大愿景,自己也有一份小贡献,自豪感油然而生。

而华为也给予了我很多,无论是待遇还是荣誉,或者说,能在华为工作,是我的一份幸运。人到中年,早知己之所长所爱,我知道自己做的事很普通,但内心笃定的是,做了就要做好。如果能够十几年如一日坚持做好分内事,我想这不仅是对公司、对社会的一个交代,也是对自己内心的一种慰藉。

唯有匠心,不负光阴。

(文字编辑:肖晓峰)

饭勺也是生产力

作者：史建

2005年，我还在中国驻科特迪瓦经商处投资贸易促进中心当厨师，有一天领导跟我说："今天开始要加几个人的菜，华为来了几个人，也在我们这里搭伙。"那是我第一次听说华为这家公司，没想到后来竟然和华为有了十余年无法割舍的牵连。

饭量最差的员工都吃了两大碗

几个月后，当时华为驻科特迪瓦的负责人陈雷，找到我说："史师傅，我们自己要建食堂了，要不你来华为当厨师吧！"我之前觉得这帮年轻人特有朝气，很与众不同，加上我当期的合同差不多也到期了，所以没有过多考虑，卷起铺盖，就来到了华为驻科特迪瓦代表处。

当时的代表处已经有十多名员工了，可是都还在搭伙吃饭，建设本地食堂的任务就交给了我。我带着代表处的秘书东奔西跑，到市场上买各种东西。第一次自己开食堂，才知道有多艰难，巧妇难为无米之炊啊！在科特迪瓦，炒勺、圆底铁锅、中国菜刀统统买不到，加上我的法语不好，要买什么，都是靠比画告诉秘书，秘书再翻译给商家听，为了找中国菜刀，售货员就给我拿出过斧头、柴刀、铁锹等东西……最后只能买把大点的水果刀代替。后来我每次回国都要带一堆厨具过来，过安检时老费口舌解释了。2006年，员工张海兵从国内带来一口比他自己还大的铁锅，才解了我们的燃眉之急。

话说回来，我接手也就几天工夫，食堂就开伙了。头两天，桌椅板凳还没有到位，大家都是端着碗，蹲在地上吃饭。我现在还记得，开伙第一天，连饭量最差的员工都吃了两大碗。非洲卫生条件不好，在科特迪瓦当地买不到消毒柜，我就采用土法子——高温消毒法，拿口大锅，把碗筷放里面煮。这个效果很好，从来没有员工因为食品卫生问题生过病，后来有了消毒柜，这个"高温消毒法"才正式下岗。

华为的业务越做越大，新来的同事越来越多，海鲜、肉食的需求量也越来越大，这些东西在超市买，比较贵也不太新鲜，于是每周六，代表处都会派一名员工，跟我一起去海边的肉菜海鲜市场采购。

每周我都能从员工那儿听到很多大家如何奋斗、签单的故事，这让我激情澎湃，我觉得我能把饭做好，就是帮华为签单出了力。

被"疟"出来的"专家"

2006年，我第一次得了疟疾，当时以为是感冒，吃了点药戴上口罩继续下厨做饭，结果做着做着人就站不稳了，几次差点儿栽到锅里去，后来回屋躺下想休息一会儿，就发起了高烧。当时的代表处代表黄煜看我病倒了，立刻找人开车送我去医院，前前后后住了五天院，才觉得身上有劲了。退烧后我想的第一件事儿是："坏了，这都几天了,大家怎么吃饭啊!"然后马上奔回食堂去,准备下一餐的伙食。

得过一次疟疾之后,咱也成了"专家"。一有新员工来,我就给他们普及疟疾知识。再有员工生病,我观察下他们发烧的规律,问问他们不适的感觉,基本就能判断是不是得了疟疾。

2007年,我们搬迁到新食堂。搬迁期间工作太累,没有注意休息,抵抗力下降,我又被"疟"了一次,不过因为有了经验,康复得比较快。之后几年,我又得了几次疟疾,不知道是不是有了抵抗力,基本都没有住院,每次按时吃点药,晚上打一针,白天还能继续做饭,很快就好了。

2013年之后,公司在西非的环境逐渐改善,防疟疾工作做得越来越全面,不仅我再也没有被"疟"过,整个代表处得疟疾的人也越来越少了。

两个小时包出500个饺子

后来,公司在科特迪瓦的员工越来越多,一个厨师已经忙不过来了,公司给我派来一个搭档——邓师傅,2008年底又给我们增派了一名厨师袁师傅。我们终于有了一个厨师团队,大家互相切磋技艺,互通有无,不仅能提供更多花样的饭菜,厨艺也得到很大提升。

在这期间,我们还遇上了一件大喜事。2008年之前,每位来西非的外派员工吃饭补助是一天五美元,大家还得自己掏点腰包垫些钱才能吃好。有些员工因为想自己做饭或者去拜访客户等,不在食堂吃饭,这五美元可以退回去。于是有少数员工经常不吃饭,这样虽然省了饭钱,但对身体不利。到了2008年2月,公司有了新的政策,员工每天的伙食补助涨到一天十五美元,而且为了鼓励大家在公司就餐,不吃饭也不再退费了。政策一出,不仅员工们欢呼雀跃,厨师班子也很高兴!以前一顿饭只能出四个菜,现在咱能出八个;以前只能吃得起虾米,现在咱偶尔也能来顿龙虾啦!

大家出门在外,年夜饭是每年的重点。每次厨师班子都要至少提前三天做准备。当时科特迪瓦的中国人已经多了起来,靠近年关,石斑鱼、龙虾

史师傅

之类的都得预订,花生、瓜子、"旺旺"雪饼之类,得提前半个月订货。

为了满足代表处所有中方员工的需求,我们提前三天,抽出空来包饺子,准备至少两种馅儿。别的厨师做皮,我来包饺子,但时间上仍然赶不及。好在有员工家属发现了,马上叫了其他家属来帮忙,一堆人七手八脚的,两个小时包出500个饺子来。就这样,中国的大年夜,15000多公里外,在大西洋彼岸的陌生国度,我们围坐在餐桌前,吃着自己包的热腾腾的饺子,虽有对亲人的牵挂,但心里都是暖暖的。

后来,过年前,员工家属帮包饺子就成了例行活动,包出来的饺子形状各异,一碗饺子可能有十种样子,吃起来不仅美味,也极有乐趣。

把饭做好了,大家才能不害怕

从 2010 年底到 2011 年初,科特迪瓦政局动荡,公司撤离了一些员工和家属,只留部分人员坚守。为了保证坚守的人员有饭吃,我主动申请留下来。到了 2011 年 3 月,局势的发展让我们始料未及:战火已经烧到了社区,我们院子上空都有子弹在飞。我抽空"猫"出去,抢购了足够二十六名坚守员工一个月所需的米、面、油和煤气,藏在宿舍里,每天偷偷摸摸地给大家做饭,生怕弄出什么大的动静。

在局势最恶劣的两周里,所有人都闭门不出,靠窗的员工也都换了房间。我记得有三颗子弹打进了我们宿舍,其中最危险的一颗,穿透窗子和窗帘后,打到墙壁上,然后又反弹到两个躲在角落的员工身边,大家都惊出了一身冷汗。不过害怕归害怕,可没有人退缩,更没有人提出要回国,那两个员工也只是换了个位置继续办公。

饭勺也是生产力

当时，代表处每天点两次名，开一次安全工作会议。我作为厨师，外出采买是躲不了的。其实心里也有点害怕，不过我想，我把饭做好了，大家才能不害怕。要是我手哆嗦，饭菜的质量下降了，大家吃得出来，自然会想："完了，厨师都吓坏了，这可咋办啊！"

当地政变的时候，有个本地司机正好送员工到宿舍。刚准备下班回家，外面就政变了，司机也回不了家了，只好在宿舍里陪我们躲了两周。两周后，局势稍微好了点，我叫上这位本地司机，在雇请的两名持枪保安的护送下，潜入两公里外的中国超市，补充调料和干货。在超市大门口的马路上，我看到了今生最恐怖的一幕：路面上有三具烧焦的军人尸体，其中一具尸体的上半身还保持着坐姿。

不久后，航班恢复了。为了安全起见，公司又撤离了十六名同事，最后还剩下我们十人留守在科特迪瓦。粮食、蔬菜什么的都不多了，外面又很难买到，虽然得节衣缩食，但我还是设法保证每顿饭三菜一汤，一周搞一次火锅、包一次饺子。外面风声稍微松一点儿了，我又"猫"出去找食品，好在有惊无险，就这样又坚持了一个月，最终熬到局势恢复正常。

转正了，"小史"成了"老史"

2012 年是我们厨师的好年份。西非厨师统一从外包，转为入职慧通公司，咱终于有了自己的工号，终于转正了！这让我兴奋得几天睡不着觉。

2013 年初，代表处厨师轮岗，我先是被派到几内亚，工作了半年多，然后转到了尼日利亚的阿布贾。我惊奇地发现，很多科特迪瓦的老员工也来到这里。大家看到我，都乐呵呵地说："还是熟悉的

史师傅（中立者）与非洲朋友在一起

配方，还是熟悉的味道！"

一转眼，我在西非工作已经十年了，从二十多岁干到三十多岁，从"小史"变成"老史"，我把青春给了西非，收获了员工们的理解、认可，自己也开拓了眼界，学习到不少知识。这种青春是无悔的青春，这种经历是金钱买不到的经历。

虽然我没有谈过一份销售合同，没有建过一座铁塔，没有签过一个订单，但我能坚持为华为员工烧好每一盘菜，做好每一碗汤，让他们吃好了就不想家。我的人生，就是和华为前进的战车捆绑在一起的。

如今，我已经三十多岁，也许有一天我会离开华为，带着我宝贵的经验和难忘的经历，回到故乡创业，那时候我会把在非洲的照片挂在餐厅里，因为我在华为的艰苦地区工作过，我为我的经历感到骄傲和自豪！

（文字编辑：周扬帆、周洋）